O. S. v. Bibra

Jesus kommt wieder!

W0011395

O. S. v. Bibra

# Jesus kommt wieder!

Oekumenischer Verlag Dr. R. F. Edel
Marburg a. d. Lahn
Schriftenmissions-Verlag Gladbeck

Bücher, die dieses Zeichen tragen, wollen die Botschaft von Jesus Christus in unserer Zeit glaubhaft bezeugen.

Das ABCteam-Programm umfaßt:

— ABCteam-Taschenbücher
— ABCteam-Paperbacks mit den Sonderreihen:
  Glauben und Denken (G + D) und Werkbücher (W)
— ABCteam-Jugendbücher (J)
— ABCteam-Geschenkbände

ABCteam-Bücher erscheinen in folgenden Verlagen:
Aussaat Verlag Wuppertal / R. Brockhaus Verlag Wuppertal
Brunnen Verlag Gießen / Bundes Verlag Witten
Christliches Verlagshaus Stuttgart / Oncken Verlag Wuppertal
Schriftenmissions-Verlag Gladbeck

ABCteam-Bücher kann jede Buchhandlung besorgen.

© Oekumenischer Verlag Dr. R. F. Edel Marburg a. d. L.

Titel: Gerd Meussen, Essen
Foto: Lothar Heiser, Münster, (Engel des Jüngsten Gerichts, Voronet, Rumänien, 1547 aus: L. Heiser, Die Engel im Glauben der Orthodoxie, Paulinus Verlag, Trier, Tafel XXI)
Gesamtherstellung: Joh. Aug. Koch, 3550 Marburg

ISBN: 3—87598—199—5 (Edel)
3—7958—3158—X (Schriftenm.-V.)

## Zum Geleit

Die Entstehung dieses Taschenbuches geht zurück auf die Zweite Deutsche Evangelische Allianzkonferenz in Siegen 1961. Dort sprach unser Bruder Pastor v. Bibra über das Thema: „Siehe, Er kommt!" Als in dem Vortrag, dem Tausende in der großen Hammerhütte mit tiefer Bewegung zuhörten, die Frage aufklang, ob sich die Gemeinde heute eigentlich in derselben Liebe nach dem Herrn sehne, wie Er sich nach ihr sehnt, da merkten alle, daß der Heilige Geist eine Wunde in unserem Glaubensleben aufgezeigt hatte. Sind wir wirklich noch Wartende? Rechnen wir praktisch mit der Wiederkunft unseres Herrn?

Der erwähnte Vortrag wurde in verschiedenen Zeitschriften abgedruckt. Zugleich erging vom Evangeliums-Rundfunk in Wetzlar an unseren Bruder v. Bibra die Bitte, das Thema in seiner ganzen neutestamentlichen Breite zu entfalten und in einer Reihe von Rundfunksendungen darzubieten. Die 20 Ansprachen jener Sendereihe bilden nun den Inhalt des vorliegenden Taschenbuchs.

Es ist uns eine ganz große Freude, daß dieser neutestamentlich gefüllte Band nunmehr der großen Gemeinde Jesu angeboten werden kann. Wir haben darin mit brennendem Herzen die großen Linien der biblischen Eschatologie wiedergefunden. Gerade in unserer hoffnungsmüden und glaubensschlaffen Christenheit brauchen wir um so dringender die klare und unverkürzte Botschaft der Schrift von der Wiederkunft Jesu. Wir wünschen diesem Buch unter den segnenden Händen unseres Herrn weiteste Verbreitung in Stadt und Land.

September 1962

Die Vorsitzenden
der Deutschen Evangelischen Allianz

Pastor Paul Deitenbeck
Lüdenscheid

Direktor Paul Schmidt
Berlin

# INHALT

1. Die Zeichen der Zeit (I) . . . . . . . . . . . 9

2. . . . und sie merkten nichts! (II) . . . . . . . . 14

3. Siehe, Er kommt — als Bräutigam: 18
   a) Die Entrückung (III) . . . . . . . . . . . 18
   b) Wer ist bereit? (IV) . . . . . . . . . . . 22

4. Siehe, Er kommt — als König: . . . . . . . . 26
   a) Die Überwindung des Antimessias (V) . . . . 26
   b) Das Geheimnis Israels (VI) . . . . . . . . 29
   c) Das Messianische Reich (VII) . . . . . . . . 37

5. Siehe, Er kommt — als Richter und Weltvollender: 43
   a) Die allgemeine Auferstehung zum Gericht (VIII) . 43
   b) Der Thron des Lammes (IX) . . . . . . . . 48
   c) Seine Knechte werden Ihm dienen (X) . . . . . 52
   d) Sie werden Sein Angesicht schauen (XI) . . . . 56
   e) Sein Name wird an ihren Stirnen stehen (XII) . . 59
   f) Nacht wird es keine mehr geben (XIII) . . . . 64

6. Heilige Gewißheit (XIV) . . . . . . . . . . . 68

7. Geduld tut euch not! (XV) . . . . . . . . . . 73

8. Der Wille Gottes: eure Heiligung! (XVI) . . . . . 78

9. Zeugen gesucht! (XVII) . . . . . . . . . . . 84

10. Selig, die standgehalten haben! (XVIII) . . . . . 89

11. „Ja, komme bald, Herr Jesus!" (XIX) . . . . . 93

12. Siehe, Er kommt! — Darum wachet! (XX) . . . . 97

# 1. Die Zeichen der Zeit

„Siehe, Er kommt mit den Wolken!" — so lautet die Überschrift und die Zusammenfassung der Botschaft, die der Apostel Johannes als Gefangener auf der Insel Patmos von seinem Herrn anvertraut bekommen und die er im Buch der Offenbarung niedergeschrieben hat (1, 7 a).

Als die Apostel nach dem Weggang ihres Herrn noch auf dem Ölberg standen und gen Himmel schauten, war dies die erste Botschaft, die den Jüngern vom Himmel her durch Engelmund verkündigt wurde: „... Dieser Jesus ... wird so wiederkommen, wie ihr Ihn habt gen Himmel gehen sehen" (Apg 1, 11): so real und sichtbar!

## Maråna thâ!

Daß dieser Jesus, der Gekreuzigte und Auferstandene, der jetzt zur Rechten des Vaters thront, eines Tages mit großer Kraft und Siegesgewalt wiederkommen wird — das wird uns im Neuen Testament an vielen Stellen bezeugt, das hatte der Herr selbst klar und deutlich wiederholt vorausgesagt. Von der frohen Erwartung dieses großen Tages waren die ersten Gemeinden erfüllt. Diese Erwartung kam auch zum Ausdruck in dem bekannten Ruf: „Maråna thá!" — „O Herr, komm doch!" (1 Kor 16, 22 b.)

## Endzeitliche Spötterei

Heutzutage aber nehmen viele die Botschaft vom Kommen des Herrn nicht mehr ernst, andere spotten darüber, wie es Petrus vorausgesagt hat: „In der Endzeit werden Spötter mit ihrer Spötterei auftreten, die zugleich nach ihren eigenen Lüsten leben. Sie werden sagen: ‚Wo bleibt denn die verheißende Ankunft des Herrn? Denn schon seit die Vorväter entschlafen sind, bleibt doch alles genauso, wie es seit Anfang der Schöpfung war.' ... Der Herr aber zögert nicht, Seine Verheißung zu erfüllen, wie manche es für ein Zögern halten, sondern Er ist uns gegenüber langmütig und will nicht, daß auch nur einige verlorengehen, sondern daß alle Menschen den Weg zur Umkehr finden. Kommen aber w i r d der Tag des Herrn wie ein Dieb." (2 Petr 3, 3.4.9.10.)

## Die Zeichen nach Mt 24

Auf der anderen Seite hat der Herr in unserer Zeit überall Seine Herolde aufgeboten, die als Wächter auf Zions Mauern — wie ein Fanfarensignal — den mitternächtlichen Ruf weitergeben: „Siehe, der Bräutigam kommt! Gehet aus — Ihm entgegen!" (Mt 25, 6.)

Die Vorzeichen dieses Ereignisses sind nach Jesu eigenen Worten folgende (Mt 24, 5—14): Erheben wird sich ein Volk gegen das andere — noch nie in der langen Menschheitsgeschichte war dies in solchem Umfang der Fall wie in unserer Generation, die bereits zwei weltweite Kriege erlebt hat! Es werden Hungersnöte und Erdbeben auftreten — die Hungersnöte, von denen heute die verschiedensten Länder der Dritten Welt heimgesucht werden, sind in aller Munde und so bekannt, daß sich ein besonderer Nachweis hier erübrigt; weniger bekannt dürfte sein, wie es um die Erdbeben bestellt ist, daß sich nämlich ihre Zahl im zwanzigsten Jahrhundert gegenüber früheren Zeiten *um ein vielfaches* gesteigert hat.* Um des Namens Jesu willen werden Seine Jünger gehaßt werden von allen Völ-

---

* Nach einer Übersicht in der „Badischen Zeitung" vom 26. November 1976 ereigneten sich zwischen 1300 und 1900 insgesamt sieben schwerste Erdbeben, d. h. im Durchschnitt pro Jahrhundert etwa eines. Aber in unserem Jahrhundert waren es bis 1976 bereits sechsunddreißig, die sich folgendermaßen verteilen: bis 1959 wurden 19 registriert, zwischen 1960 und 1969 zählte man 8 und in den nächsten sieben Jahren bereits 9 weitere.

kern — in diesem Jahrhundert nahm die haßerfüllte Verfolgung der Gemeinde Jesu solche Ausmaße an, daß es mehr Märtyrer gab als in allen zurückliegenden Jahrhunderten zusammengenommen. Viele werden am Glauben irre werden, und sie werden sich gegenseitig verraten und sich untereinander hassen, zahlreiche falsche Propheten werden aufstehen und viele verführen; durch das Überhandnehmen der Ungerechtigkeit wird die Liebe in vielen erkalten — wie es heute am Tage ist! —, und es wird verkündigt werden das Evangelium von der Königsherrschaft Gottes auf dem gesamten Erdkreis zu einem Zeugnis für alle Nationen, und dann erst wird der Abschluß kommen. So hat es der Herr gesagt, und so erfüllt es sich heute vor unseren Augen. Alle diese Zeichen deuten darauf hin, daß der Herr nahe ist.

## Die Zeichen nach 2 Tim 3

Auffallend ist auch, wie sich die endzeitliche Prophetie des Apostels Paulus in unseren Tagen erfüllt — schreibt er doch an Timotheus: „Das aber sollst du wissen, daß in den letzten Tagen schwere Zeiten bevorstehen: dann werden die Menschen der Selbstsucht und der Geldgier verfallen, werden prahlen, protzen und lästern, den Eltern den Gehorsam aufkündigen, undankbar sein, es wird nichts Heiliges für sie geben, herzlos und unversöhnlich werden sie sein, verleumderisch, hemmungslos, brutal, dem Guten feind, verräterisch, rücksichtslos, aber aufgeblasen vor Stolz, für jedes Vergnügen, aber nicht für Gott bereit; sie geben sich zwar einen frommen Anschein, aber die Kraft wirklicher Gottesfurcht kennen sie nicht." (2 Tim 3, 1—5.)

## Die Zeichen nach Joel 3

Weiter ist zu erinnern an die Weissagung des Propheten Joel (3, 1—5), die der Apostel Petrus in seiner Pfingstbotschaft zitiert: „Es soll geschehen in den letzten Tagen — spricht Gott —: da werde Ich von Meinem Geist auf alle

Menschen ausgießen: dann werden eure Söhne und eure Töchter weissagen, eure Jünglinge werden Gesichte schauen und eure Greise Offenbarung in Träumen empfangen..." (Apg 2, 17). Dieses Joel-Wort sieht Dr. Billy Graham in der heutigen Jesus-Bewegung erfüllt, und zwar als ein Zeichen dafür, daß wir in der Endzeit stehen. In seiner vielbeachteten Rede, die er am 29. August 1971 in Amsterdam zur Eröffnung des Europäischen Kongresses für Evangelisation gehalten hat, kam er ausdrücklich auf die Jesus-Bewegung zu sprechen, von der er sagt: „Im großen und ganzen ist es eine echte Bewegung im Geiste Gottes" — „ein geistliches Phänomen größten Ausmaßes", und zwar gerade im Zusammenhang mit der Erfüllung von Joel 3: „Der Heilige Geist begann sein Ausströmen zu Pfingsten und setzt sein Ausströmen in geistlichen Erneuerungen von Zeit zu Zeit im Laufe der Geschichte fort. Aber kurz vor der Wiederkunft des Herrn wird ein großes Finale sein." Diese letzte durchschlagende Erfüllung der Joel-Weissagung als Signal für das bevorstehende Erscheinen des Messias in Herrlichkeit dürfen wir gewiß in der Jesus-Bewegung sehen, in der ja gerade die biblischen Geistesgaben ganz stark so wieder hervorbrechen, wie es durch Joel verheißen ist.[*]

## Israel!

Das auffallendste und überwältigendste Zeichen der Endzeit ist aber Israels Rückkehr ins Land seiner Väter. Vom Standpunkt der Heilsgeschichte Gottes aus betrachtet ist die 1948 erfolgte Gründung des Staates Israel sicher das bedeutendste Ereignis unseres Jahrhunderts. Seit der Zerstörung Jerusalems im Jahre 70 n. Chr. hatte Israel keine Heimat mehr. Durch zwei Jahrtausende waren die Juden zerstreut unter alle Völker der Erde, viel gehaßt, oft gejagt, gequält, verfolgt, überall verachtet und unerwünscht. Es erfüllte sich an ihnen, was durch Prophetenmund dem Volk Israel angedroht war: „Der Herr wird dich, wenn

---

[*] Vgl. dazu M. Basilea Schlink, „Es soll geschehen in den letzten Tagen", Wort zur Stunde. Darmstadt 1971.

du Ihm nicht gehorchst, unter alle Völker zerstreuen von einem Ende der Erde bis zum anderen, und du wirst unter jenen Völkern zu keiner Ruhe kommen ... — und du wirst für alle Reiche der Erde ein Schreckbild sein" (Dtn /5 Mose 28, 64 f. 25 c). Jetzt aber erfüllt sich vor unseren Augen, was der Herr gesagt hat: „Ich will die Kinder Israel aus den Nationen, unter die sie haben ziehen müssen, herausholen, und sie von allen Seiten her sammeln und sie in ihr Land zurückbringen!" (Hes 37, 21 u.a.m.). Eine gewaltige Sammlungsbewegung hat ganz Israel erfaßt, und durch die erhobene Hand des Herrn kehren seine Glieder von den Enden der Erde zurück ins Land ihrer Väter. Deshalb ist jener Tag der Gründung des Staates Israel von so weittragender Bedeutung, weil seitdem Israel wieder eine Heimat hat, in der es sich sammeln kann. So war es ein weltgeschichtlicher Augenblick, als Ben Gurion in der Nacht zum 15. Mai 1948 vor den Ohren der gespannten Weltöffentlichkeit die Wiedererrichtung des Staates Israel verkündigte und dabei sagte: „Zweitausend Jahre haben wir auf diese Stunde gewartet — und nun ist es geschehen. Wenn die Zeit erfüllt ist, kann nichts Gott widerstehen." — Prophetie wird Geschichte!

## Der Feigenbaum

Uns aber soll die Sammlung Israels in der angestammten Heimat, in „ihrem Lande", ein aufgehobener Finger Gottes sein, denn ausdrücklich hat Jesus gesagt: „Vom Feigenbaum aber mögt ihr das Gleichnis lernen: sobald seine Zweige saftig werden und Blätter hervorwachsen, so erkennt ihr daran, daß der Sommer nahe ist. So auch ihr: Wenn ihr dies alles seht, so erkennt daran, daß Er nahe vor der Türe steht!" (Mt 24, 32.) Der Feigenbaum ist nämlich im Alten Testament ein geläufiges Bild für Israel (Jer 8, 13; 24, 1—10; Hos 9, 10; Mich 7, 1), ein Bild, das Jesus auch sonst in diesem Sinne benutzt (Mk 11, 12—14; Lk 13, 6—9).

Wer Ohren hat, zu hören, der höre! So spricht der Herr: „Siehe, Ich komme *bald* und Mein Lohn mit Mir!" (Offb 22, 12.)

# 2. . . . und sie merkten nichts!

„Siehe, Er kommt mit den Wolken!" — Der Tag, an dem dies geschieht, steht nahe bevor. Deshalb ist es wichtig, daß wir die Bibel fragen, was sie uns über diesen Tag bezeugt.

## Wie in den Tagen Noahs

Jesus selbst spricht mit großem Ernst von der Zeit, die diesem Tag unmittelbar vorangeht. Er vergleicht diese Zeit, die Endzeit, erstens mit den Tagen *Noahs:* „Wie es gewesen ist in den Tagen Noahs, so wird es sein bei der Ankunft der Menschensohnes" (Lk 17, 26 f.). Wie ist es in den Tagen Noahs gewesen? Kurz und prägnant wird die Einstellung jener Generation umschrieben mit den Worten: „Sie schmausten und berauschten sich, heirateten und ließen sich heiraten" — das heißt, sie lebten nur der Befriedigung ihrer fleischlichen Bedürfnisse. Gut essen, gut trinken, das Leben genießen — das war ihre Parole, ihr ganzer Lebensinhalt; für etwas anderes hatten sie keinen Sinn, keine Zeit. Sie hatten keine Zeit für ihre Seele, keine Zeit für Gott. Von Seinem Geist wollten sie sich nicht strafen lassen. Vor Seinem Herrschaftsanspruch wollten sie sich nicht beugen. In Genußsucht und Sinnestaumel lebten sie an dem lebendigen Gott vorbei. Und inmitten dieses Geschlechtes, das in Selbstsicherheit an Gott vorbeilebte, stand Noah, der Mann Gottes, und — baute an der Arche! Wie mögen seine Zeitgenossen ihn mit Hohn und Spott überschüttet und ihm zugerufen haben: „Bist du ganz verrückt? Was baust du hier mitten auf dem Land ein Schiff?!" Noah wird ihnen die Antwort nicht schuldig geblieben sein: „Ich baue im Auftrag meines Gottes; denn es kommt eine Flut als Gericht über alle Sünde der Menschheit." Wie mögen sie da erst gehöhnt haben: „Wer glaubt denn so etwas? Dieser Schwärmer, dieser Träumer! Wir lassen es darauf ankommen!" — Der Herr Jesus sagt von ihnen: „... und sie *merkten nichts*, bis die Flut kam und raffte sie alle hinweg" (Mt 24, 39a). „Ebenso wird es sein bei der Ankunft des Menschensohnes" (Mt 24, 39).

## Und heute?

Ist es heute nicht tatsächlich genau so unter uns? Haben nicht die meisten Menschen nur den *einen* Gedanken: gut essen, gut trinken und das Leben genießen!? Doch vor dem Anspruch Gottes wollen sie sich nicht beugen. Inmitten dieser Menschen, die in Genußsucht und Sinnestaumel an dem lebendigen Gott vorbeileben, stehen die berufenen Herolde Gottes mit der Botschaft: „Jesus kommt wieder!" Und wiederum geschieht, was Noah erlebte: die Botschaft Gottes stößt auf Unglauben, erntet Hohn und Spott. „Wer glaubt denn, daß dieser Jesus aus Nazareth vom Himmel her wiederkommen wird? Wir lassen's darauf ankommen!" *Sie merken nichts*, bis die göttliche Fanfare ertönen und es zu spät sein wird.

## Wie in den Tagen Lots

Zweitens wird die Endzeit verglichen mit den Tagen *Lots* (Lk 17, 28—33). Wie war es damals? Jesus sagt: „Sie schmausten und berauschten sich, kauften und verkauften, pflanzten und bauten Häuser." Ist das nicht genau das Spiegelbild unserer Zeit? Hat nicht das Rennen und Jagen unserer Zeitgenossen dasselbe Ziel: sie wollen es sich gut gehen lassen, gute Geschäfte machen, noch mehr verdienen und einen noch höheren Lebensstandard erreichen? Nicht, daß das Arbeiten, das Geschäftemachen und Häuserbauen an sich etwas Unrechtes wäre! Gott will ja, daß wir an dem Platz, an den Er uns gestellt hat, gewissenhaft unsere Pflicht erfüllen. Doch wenn nur noch die Arbeit unser ganzes Leben ausfüllt, wenn sie uns schließlich auffrißt, so daß wir überhaupt nicht mehr zu uns selber kommen, daß wir keine Zeit und keinen Raum mehr für Gott haben, dann ist uns die Arbeit zum Götzen und zum Fluch geworden. So jedenfalls war es in den Tagen Lots — und so ist es heute.

## Lots Frau als Warnung

Nun steht in diesem Zusammenhang noch eine besondere Warnung: „Denkt an Lots Frau!" Wie war es doch mit ihr? Sie machte es zwar nicht wie ihre gottlosen Schwiegersöhne, denen die göttliche Botschaft, die durch Engel der Familie Lots überbracht worden war, lächerlich vorkam. Sie wollten sich in ihrem gewohnten Leben nicht stören lassen; sie schlugen die ihnen angebotene Rettung Gottes aus, weil es ihnen im Schmutz der Sünde Sodoms zu gut gefiel. So freilich war Lots Frau nicht. Als sie hörte, daß es einen Weg zur Rettung gäbe, da wollte sie diesen Weg schon gehen. Und als ihr Mann aus Sodom auszog, da zog sie mit. Nur kam sie nicht weit: — auf halbem Wege blieb sie stehen. Warum ist Lots Frau eigentlich auf halbem Wege stehengeblieben und hat sich umgedreht? Geschah es nur aus Neugierde? O nein, der Grund lag tiefer. Sie hatte beim Auszug aus Sodom versäumt, ihr Herz zu lösen von dem, woran es gebunden war und was sie in Sodom hatte zurücklassen müssen.

Weil aber ihr Herz gebunden blieb an ihren Besitz, an das Irdische, deshalb zog es sie wie mit magnetischer Kraft zurück nach Sodom. Schließlich blieb sie stehen, drehte sich um — und erstarrte augenblicklich zu einer Salzsäule. Was hatte sie jetzt vor ihren gottlosen Schwiegersöhnen voraus? Ob man durch Feuer und Schwefel umkommt oder zur Salzsäule erstarrt, das ist ja im Ergebnis dasselbe. Was werden am bevorstehenden Tag des Messias die lauen, halbherzigen und unentschiedenen Christen vor den Spöttern und Gottesverächtern voraushaben? Werden sie nicht alle miteinander beschämt dastehen?

So ist die Erinnerung an Lots Frau eine ernste Warnung, die uns sagen will: Gebt acht, daß ihr nicht auch solch traurigem Geschick anheimfallt! Gleichen dieser Frau nicht heute so viele, die sich „Christen" nennen? Sie wollen nicht verlorengehen; sie möchten schon gerne vor dem Gericht der Hölle verschont bleiben und durch den „lieben Heiland" Gnade erlangen. Und wenn dann fromme Familienangehörige unters Wort Gottes gehen, ziehen sie mit: sie ziehen mit in die Gottesdienste, in die Evangelisationen, in die Bibelfreizeiten. Durch Jahre und Jahrzehnte ziehen sie mit in die frommen Versammlungen — und versäumen, ja verweigern doch das Entscheidende, was Gott von ihnen erwartet. Sie wollen ihr Herz durchaus nicht lösen von dem, woran es gebunden ist: von der Sünde und Selbstsucht, von ihren Götzen und Leidenschaften.

Deshalb gilt ihnen das in seiner Radikalität unmißverständliche Wort des Herrn: „Wer nicht absagt allem, was er hat, kann nicht Mein Jünger sein."

„Ein jeder prüfe sich selbst!" (1 Kor 11, 28 a.) Darum geht es. Wir müssen uns prüfen, ob wir noch der Frau Lots gleichen, deren Leben daran scheiterte, daß sie ihr Herz geteilt hat. „Heute, so ihr Seine Stimme hört, verstocket euer Herz nicht!"

Denn so spricht der Herr: „Siehe, Ich komme bald und Mein Lohn mit Mir!"

# 3. Siehe, Er kommt — als Bräutigam

## a) Die Entrückung

„Siehe, Er kommt mit den Wolken!" Wer mit wachem Auge die Zeitereignisse verfolgt, wer mit nüchternem Blick das Geschehen der Gegenwart beobachtet, der erkennt an den Zeichen der Zeit, was für eine Stunde die Weltenuhr Gottes geschlagen hat. Wer Ohren hat, zu hören, der hört, was der erhöhte Herr den Gemeinden sagt: „Siehe, Ich komme *bald* und Mein Lohn mit Mir!" (Offb 22, 12 a.) Deshalb gilt uns, was Paulus den Römern schreibt: „Ihr wißt doch, in welcher Zeit wir leben — ihr seid euch doch über die besondere Gottesstunde klar, in der wir stehen —, es ist höchste Zeit für euch, aus dem Schlaf zu erwachen... Die Nacht ist vorgerückt, der große Tag *naht.* Laßt uns darum alle Werke der Finsternis abtun und meiden, laßt uns die Waffen des Lichtes anlegen!..." (Röm 13, 11 f. nach Bruns.)

### Irreführende Vorstellungen

Nun ist es leider ein weitverbreiteter Irrtum, zu meinen, daß dieser Tag das große Weltgericht und den Weltuntergang mit sich brächte. Davon kann jedoch keine Rede sein. Vielmehr vollzieht sich das Kommen des Herrn in drei deutlich zu unterscheidenden Abschnitten: Zum ersten kommt der Herr nur als *Bräutigam* für die auf Ihn wartende Brautgemeinde; zum zweiten kommt Er als *König* zur Aufrichtung Seines messianischen Friedensreiches auf der alten Erde; und erst nach Ablauf eines vollen Jahrtausends wird Er schließlich als *Richter* zum allgemeinen Weltgericht erscheinen, woran sich das Vergehen der Erde und der Beginn der neuen Erde anschließt, auf der Gerechtigkeit wohnen wird.

## Die Abholung der Brautgemeinde

Wir fassen zunächst nur den ersten Akt ins Auge. Wenn die letzte Fanfare ertönt und die Wolken sich teilen, dann erscheint der Herr Jesus noch nicht für die Welt, auch nicht für die Gläubigen im allgemeinen, sondern nur für diejenigen, die mit Liebe Seine Erscheinung erwartet, die mit umgürteten Lenden und brennenden Lampen ausgeschaut haben nach Ihm (2 Tim 4, 8; Lk 12, 35 f.; Mt 25, 1—13). Der Apostel Paulus schildert dieses bedeutsame Ereignis mit folgenden Worten: „Er selbst, der Herr, wird, während der Befehlsruf ergeht und die Stimme eines Erzengels und eine Gottesfanfare erschallt, herabkommen vom Himmel, und die in Christus Entschlafenen werden auferstehen zuerst, dann werden *wir*, die Lebenden, die übrigbleiben, zugleich mit ihnen entrückt werden in Wolken zur Begegnung mit dem Herrn in die Luft; und so werden wir dann allezeit mit dem Herrn vereint sein" (1 Thess 4, 16 f.). Das gleiche Ereignis hat Paulus im Auge, wenn er den Korinthern schreibt: „Siehe, ein Geheimnis sage ich euch: nicht alle werden entschlafen, alle aber verwandelt werden, in einem Nu, in einem Augenblick, bei der letzten Fanfare; denn ein Fanfarensignal wird gegeben werden, und dann werden die (in Christus) Entschlafenen auferstehen unverweslich, und *wir* werden verwandelt werden" (1 Kor 15, 51 f.). Der Herr wird also zunächst nicht bis auf die Erde, sondern nur bis in den Luftbereich kommen, wobei Ihn die Welt wohl gar nicht zu sehen bekommen wird, weil es ja zunächst nur um die Abholung Seiner Brautgemeinde geht.

## Die Auswahl-Auferstehung

Unter ausdrücklicher Berufung auf „ein Wort des Herrn" (1 Thess 4, 15) schildert Paulus dessen Kommen als Bräuti-

gam sehr konkret und präzise. Demnach wird das Herabkommen des Herrn vom Himmel augenblicklich einen
*doppelten Vorgang* auslösen: einen in der Totenwelt und
gleichzeitig einen unter der dann auf Erden lebenden Generation. Und zwar wird es jedesmal ein A u s w a h l -Vorgang
sein. Zunächst wird aus der Totenwelt eine Auswahl zur Auferstehung gelangen, nämlich diejenigen, die während ihres
Erdenlebens durch Umkehr und Wiedergeburt eine neue
Schöpfung geworden sind, mithin in Jesus gelebt haben und
in Jesus entschlafen sind. * Die übrigen Toten aber werden
vorerst nicht wieder lebendig, müssen vielmehr noch ein
volles Jahrtausend länger in den Gräbern bleiben. Dies ist
die erste Auferstehung (Offb 20, 5!). Ihrem Wesen entsprechend kann sie auch als „Heraus-Auferstehung aus (der Mitte
der übrigen) Toten heraus" bezeichnet werden (vgl. Phil 3, 11
wörtlich!). Durch diesen Akt bekommen die erlösten Entschlafenen ihren neuen himmlischen Leib, der dem verklärten
Leib ihres auferstandenen und erhöhten Herrn entsprechen
wird (Phil 3, 21; 1 Joh 3, 2).

### Die Entrückung

Gleichzeitig wird von der Erde weg eine Auswahl aus der
dann lebenden Menschheit, nämlich die Brautgemeinde, entrückt und gleichzeitig „verwandelt" werden, d. h. ebenfalls
den oben erwähnten verklärten Leib empfangen. Für diesen
Vorgang der Entrückung gibt es schon im Alten Bund ein
Vorbild, nämlich H e n o c h (Gen 4, 4; Hebr 11, 5). Die an

---

* Zur Vermeidung von Mißverständnissen — und zur Abwehr
gegenteiliger Irrlehren — sei aber betont, daß die S e e l e n der
Heiligen in der Zwischenzeit — zwischen Tod und Auferstehung
— durchaus nicht tot waren. Denn beim Heimgang eines Wiedergeborenen stirbt lediglich der Leib, seine Seele aber lebt weiter
und kommt sofort direkt in den Himmel, ins „Paradies" (Lk
23, 43), um mit dem Herrn unmittelbar zusammenzusein (Phil
1, 23). Die Auferstehung bezieht sich demnach nur auf den Leib.
Weitere Belegstellen für das Fortleben der Seele in der jenseitigen
Welt bei:    O. S. v. Bibra,    Der Name JESUS,    9. Auflage,
Wuppertal 1981, S. 21 Anm. 2.

der Entrückung Beteiligten werden dann „allezeit mit dem Herrn zusammen sein", und das heißt ja: teilnehmen an dessen gesamtem königlichen Handeln in der Zukunft: am Sturz des endzeitlichen Weltdiktators, am Messianischen Reich auf dieser alten Erde, am Weltgericht und am Himmlischen Jerusalem.

## Die große Scheidung

Die bereit sind, werden ihrem Herrn entgegengerückt werden und treffen in der Luft mit Ihm zusammen, um dann von Ihm eingeführt zu werden in die Herrlichkeit. Die Hälfte der Frommen aber wird nicht bereit sein! Das steht deutlich im Gleichnis von den zehn Jungfrauen (Mt 25, 1 f.). Da wird ausdrücklich betont, daß sämtliche zehn zur Gottesherrschaft berufen waren — „das Himmelreich ist gleich *zehn* Jungfrauen"! —, daß aber *nur* fünf davon klug und bereit gewesen sind. Die anderen fünf hingegen, die auch zur Gemeinde gehören, kommen *zu spät* und finden die Tür des Hochzeitssaales verschlossen vor. Das sind die lauen „Christen", die sich von der Welt nicht scheiden konnten und die Sünde nicht aufgeben wollten, deren Leben durch ständige Kompromisse gekennzeichnet war. Sie werden bei der Entrückung auf der Erde zurückbleiben. Darauf bezieht sich der ernste Mahnruf des Apostels Johannes, der schreibt: „Und jetzt, Kinder, bleibt nur in Ihm, damit wir, wenn Er erscheinen wird, Freimut haben und ja nicht beschämt zurückweichen müssen — von Ihm weg — bei Seiner Ankunft!" (1 Joh 2, 28.) Jesus selbst aber schildert uns den Vorgang der Entrückung mit folgenden Worten: „Ich sage euch: In jener Nacht werden zwei auf *einem* Bette liegen: der eine wird hinweggenommen und der andere bleibt zurück; zwei werden an derselben Mühle mahlen: die eine wird hinweggenommen werden, die andere aber bleibt zurück. Zwei werden auf einem Acker sein: einer wird hinweggenommen werden, und der andere bleibt zurück!" (Lk 17, 34—36.) Es wird dann die Scheidung mitten durch die Familien und mitten durch die Belegschaften — und sicher auch mitten durch die „christlichen" Gemeinden und Kreise hindurchgehen: die einen, die bereit sind, werden entrückt — und die andern werden plötzlich mit großem Entsetzen allein sein.

## Entlarvung und Beschämung

Was für eine Beschämung wird dann über die Zurückgebliebenen kommen, ganz besonders aber über die zurückgebliebenen Frommen! Nun wird vor aller Augen offenbar, was ihr Christentum wert gewesen ist: bei den einen von ihnen war es nur Schein, nur Angelerntes, Übernommenes und äußere Form, nur ein Mitlaufen und Nachmachen; bei den anderen war es zwar schon mehr: sie hatten einmal einen Anfang mit Jesus gemacht, sind aber aus der ersten Liebe gefallen und haben sich wieder in Lauheit und Weltförmigkeit hineinziehen lassen. Welch furchtbare Selbstvorwürfe werden sie sich machen, die einen wie die anderen! Sie müssen sich ja sagen: Hätte ich nur ernst gemacht mit dem, was Gott mir hat sagen lassen, hätte ich nur auf die Mahnungen meines Gewissens gehört, hätte ich mich nur von meinen Gebundenheiten, von meiner Liebe zum Geld und meinem Hochmut lösen lassen, hätte ich mich nur heiligen und zubereiten lassen durch Gottes Geist — dann wäre ich jetzt nicht in dieser traurigen Lage!

Sollten wir nicht dankbar sein, daß uns durch Gottes Wort so deutlich gesagt wird, worauf es ankommt und was wir zu erwarten haben, wenn wir lau und unentschieden bleiben? *Noch* haben wir Zeit und Gelegenheit, uns umzustellen und Ernst zu machen mit dem Gehorsam gegen Gottes Wort. Auf jeden Fall aber ist die Zeit *kurz,* und der Tag des Herrn steht *nahe* bevor.

## b) Wer ist bereit?

„Siehe, Er kommt mit den Wolken" — das ist eine unumstößliche Tatsache. Und zwar wird Jesus so plötzlich erscheinen wie ein Dieb in der Nacht. Deshalb kommt alles darauf an, daß wir für diesen Tag *bereit* sind. Immer wieder wird uns zugerufen: „Wachet, seid bereit!" (Mt **24,**

42.44; 25, 10.13; Lk 12, 37 a; 21, 36.) So ist die Frage nun brennend: Wie werden wir bereit für die Begegnung mit dem Herrn?

## Worauf es ankommt

Nicht auf unsere Tatkraft, nicht auf unser Ringen und Kämpfen kommt es an, sondern darauf, daß unser Leben *völlig* in die Hand unseres Herrn gelangt und Er an uns Sein Werk tun kann. Hat Er erst einmal freie Hand in unserem Leben bekommen, dann ist *ER* es, der uns für die Entrückung zubereitet und vollendet, wenn wir uns Ihm immer neu ausliefern. **Er allein ist der Bahnbrecher,** Er allein ist auch der Vollender (Hebr 12, 2).

Er aber will uns ein Doppeltes schenken, was wir nötig haben, um für die Entrückung bereit zu sein: umgürtete Lenden und brennende Lampen. Denn so steht geschrieben: „Laßt eure Lenden umgürtet sein und eure Lampen brennen; und *ihr:* seid gleich den Menschen, die da ausschauen nach ihrem Herrn . . .!" (Lk 12, 35. 36 a.)

## Umgürtete Lenden

Zum ersten geht es also um die *umgürteten Lenden.* Sie sind das Bild für die Bereitschaft zum Aufbruch. Dazu gehört aber, daß unsere Herzen *gelöst* sind von allen Bindungen, Belastungen und Verstrickungen, mit denen Satan sie an die Welt zu ketten verstanden hat. Da wäre als erstes das Hängen an Geld und Gut zu nennen, die Fessel des Mammons. Darum sagt der Herr mit Ernst und Nachdruck: „Hütet euch vor der Habsucht in jeder Form!" (Lk 12, 15) und: „Ihr könnt nicht Gott dienen *und* dem Mammon!" (Mt 6, 24.) Der Apostel Paulus schreibt sogar: „Eine Wurzel alles Bösen ist die Geldgier; gar manche, die sich ihr ergeben haben, sind vom Glauben abgeirrt und zermartern sich selbst in vielen qualvollen Schmerzen" (1 Tim 6, 10). Wer die Welt — in Form des Geldes — liebt, in dem ist nicht die Liebe des Vaters (1 Joh 2, 15), und er wird gewiß nicht bereit sein für die Entrückung.

Eine weitere, oft nicht erkannte und darum um so gefährlichere Gebundenheit ist der Hochmut und die Selbstsucht. Den Hochmütigen muß Gott widerstehen (1 Petr 5, 5), und deshalb können sie keinesfalls bei der Entrükkung dabei sein. Die Selbstsucht aber, die wiederum zusammenhängt mit der Liebe zum eigenen Ich, ist ein solch schwerwiegendes Hindernis für die Nachfolge, daß Jesus ausdrücklich betont: „So jemand zu Mir kommt und haßt nicht... sein eigenes Leben, der kann nicht Mein Jünger sein" (Lk 14, 26). Worin aber zeigt sich Hochmut und Selbstsucht deutlicher als darin, daß man auf sein Recht pocht, seinen Willen durchsetzen möchte und immer darauf bedacht ist, von den Leuten günstig beurteilt zu werden? Dann aber auch im Richtgeist, aus dem heraus man auf die anderen herabblickt und sie kritisiert, um dadurch selbst in einem um so günstigeren Licht zu erscheinen.

Außerdem werden wir noch vor einigen anderen Gefahren gewarnt: vor dem Sinnestaumel, dem Wohlleben und Genießertum, dazu aber auch vor dem Sorgengeist. Denn so spricht der Herr: „Habt auf euch selbst acht, daß eure Herzen nicht etwa beschwert werden durch Schlemmerei und Trunkenheit, aber auch nicht durch Sorgen um das irdische Leben! Sonst könnte jener Tag unvermutet wie ein Fallstrick vor euch stehen. Hereinbrechen *wird* er nämlich über alle, die auf der gesamten Erde wohnen" (Lk 21, 34 f.). Wie treffend wird die Gefahr unserer Tage gekennzeichnet! Hier heißt es also, auf der Hut zu sein, damit wir nicht mit hineingezogen werden in diesen unheimlichen *Sog* der Genußsucht, in dieses allgemeine Rennen und Jagen nach der Erhöhung des Lebensstandards, in diese Gier nach immer weiterer Steigerung des Einkommens! Und wenn unser Herz bereits davon erfaßt sein sollte, dann gilt es, sich zu beugen, diesen Götzendienst als Schuld zu bekennen — denn Habsucht ist Götzendienst! (Eph 5, 5) — und sich von diesen Fesseln des Satans lösen zu lassen durch das Blut Jesu. Denn nur gelöste und befreite Herzen sind bereit für die Entrückung.

Das sind die umgürteten Lenden.

## Brennende Lampen

Zum anderen aber geht es bei der Bereitschaft um die *brennenden Lampen.* Das sind die vom Feuer der Liebe Gottes entzündeten Herzen. Er selbst, der Auferstandene, steht vor uns und fragt jeden, dessen Seele krank und durch die Sünde vom Tod gezeichnet ist: „Willst du gesund werden?" (Joh. 5, 6.) Jener Gelähmte am Teiche Bethesda, der seinerzeit so gefragt wurde, gab zur Antwort: „Herr, einen Menschen habe ich nicht..." Achtunddreißig Jahre lang hatte er auf Menschenhilfe gewartet. Das Ergebnis war Verzagtheit, ja Hoffnungslosigkeit, die aus seinen Worten spricht. Wielange hast du schon vergeblich auf Menschenhilfe gewartet! Willst du wie der Gelähmte hoffnungslos sagen: „Ich habe keinen Menschen!"? Nein! Nicht Menschen brauchen wir zur Genesung unserer Seele, zur Errettung unseres Lebens, sondern einen allmächtigen göttlichen Helfer — und der ist *da,* nämlich *Jesus.* „Der Meister ist da und ruft dich" (Joh 11, 28 b). Was aber ruft Er uns zu? Denken wir nicht, daß Er uns auffordere, fromm zu werden (das sind wir vielleicht schon lange, aber es hat uns nicht geholfen); denken wir nicht, daß Er gute Vorsätze von uns erwarte (die haben wir gewiß schon oft gefaßt, aber wir sind mit ihnen zuschanden geworden); denken wir nicht, daß Er uns noch größere Anstrengungen, noch bessere Selbstbeherrschung zumutet. O nein, nichts von alledem! So spricht der Herr: „Gib Mir, Mein Sohn — gib Mir, Meine Tochter —, *dein Herz!*" (Spr 23, 26.)

Wer das tut, wer sein Herz und Leben vorbehaltlos dem Herrn Jesus übergibt, der empfängt das Feuer der Liebe Gottes. Um dieses Feuer geht es Ihm. Hat Er doch gesagt: „*Feuer* kam Ich zu werfen auf die Erde, und was wollte Ich lieber, als daß es schon brennte!" (Lk 12, 49.)

Wer dieses Feuer noch nicht in seinem Herzen hat, wem das nötige Öl des Heiligen Geistes noch fehlt, der verschaffe es sich *eilends!* Es könnte über Nacht zu spät sein (vgl. Mt 25, 10—12!).

# 4. Siehe, Er kommt – als König

## a) Die Überwindung des Antimessias

„Siehe, Er kommt mit den Wolken!" — zunächst als Bräutigam nur bis in den Luftbereich, dann aber auch sichtbar als König der Könige und als Herr aller Herren (Offb 19, 16), und Seine Füße werden wieder den Ölberg berühren, von dem aus Er einst in den Himmel hineingegangen war (Sach 14, 4; Apg 1, 11). Zwischen Seinem Kommen als Bräutigam und Seinem Erscheinen als König aber liegt die Regierungszeit des Antimessias.

### Die diabolische Trinität

Dieser Weltdiktator der Endzeit, das „Tier" (Offb 13, 1 f.), der „Mensch des Frevels und Sohn des Verderbens", „der Gesetzlose" (2 Thess 2, 3.8) ist der persönliche Beauftragte des Teufels. In der gesamten Menschheitsgeschichte hat Satan stets versucht, den lebendigen Gott nachzuäffen. Dieser Versuch erreicht jetzt seinen Höhepunkt. Wie sich einst die Liebe des Vaters durch die Sendung des Messias auf Erden offenbarte, so zeigt nun Satan seinerseits auf Erden sein Wesen in der Person des Gegenmessias. Und wie damals Jesus als der Gesalbte die ganze göttliche Vollmacht Seines Vaters besaß, so übergibt jetzt der Drache seinerseits dem Tier „seine Kraft und seinen Thron und seine große Vollmacht" (Offb 13, 2). Aber noch mehr: Wie der Vater den Heiligen Geist sandte, damit Er für den Sohn Zeugnis ablege und Ihm die Gemeinde zuführe, so bekommt nun der Antimessias das sogenannte „andere Tier" (Offb 13, 11 f.) als seinen Pseudopropheten und Propagandaminister an die Seite gestellt. Damit aber ist die höllische Dreieinigkeit vollständig. Wie der Heilige Geist es ist, der da lebendig macht (Joh 6, 63), so wird der „Anti-geist" dem zur Anbetung aufgestellten Standbild des Anti-messias Leben einhauchen (Offb 13, 15). Und ebenso, wie der Geist Gottes die Jünger Jesu versiegelt, damit sie un-antastbar werden für den Feind (1 Joh 5, 18) und be-wahrt bleiben auf den Tag der endgültigen Erlösung (Eph 1, 13; 4, 30; Offb 7, 3), so bewirkt der Antigeist die Versiegelung der Verführten mit dem Malzeichen des Tieres (Offb 13, 16) — „und niemand soll etwas kau-fen oder verkaufen dürfen, der nicht das Malzeichen an sich trägt" (Offb 13, 17). Der Erfolg des Teufels aber ist augenfällig. Auf Grund der Wunder, die er durch sei-ne beiden Beauftragten auf Erden vollführt, jubelt fast alles dem Tier begeistert zu und ruft hinter ihm her: „Wer ist ihm gleich?!" (Offb 13, 4). So verblendet ist die Mensch-heit, daß sie den Satansmessias als die Erfüllung ihrer Sehnsucht preist und anbetet. Wer dabei nicht freiwillig mittut, wird dazu gezwungen — oder umgebracht. Die Gleichschaltung wird auf der ganzen Linie durchgeführt. Unter der Regierung dieses Herrschers erreicht die Welt-einheit in politischer, wirtschaftlicher und religiöser Hin-sicht ihre teuflische Vollendung.

Damit aber berührt sich in der Geschichte des Teufels das Ende mit dem Anfang. Nun wird offenbar, daß das System des Antimessias nichts Geringeres ist als der Höhe-punkt alles satanischen Aufbegehrens, die zielbewußte Durch-setzung seiner Gier nach Gottesgleichheit, die lästerlichste Vollausgestaltung seiner eigenen Vermessenheit: „Ihr wer-det sein wie Gott" (Gen/1 Mose 3, 5; Jes 14, 13 f.)*

## Der Triumph des Gekreuzigten

Dabei weiß aber der Teufel genau, daß er nur noch eine kurze Frist zur Verfügung hat. Die Regierungszeit seines Beauftragten ist von Gott genau abgemessen: sie währt

---

* Nach *Erich Sauer*, Der Triumph des Gekreuzigten — ein Gang durch die neutestamentliche Offenbarungsgeschichte, 10. Auflage, Wuppertal 1976.

nicht länger als dreieinhalb Jahre (Offb 12, 12 c; 13, 5 b). Gerade dann, wenn er seine gesamte Heeresmacht aufbietet und zum entscheidenden Schlag ausholen will, wird all seiner Selbstüberhebung ein rasches Ende bereitet. Denn nun erscheint der von ihm so verachtete Jesus aus Nazareth wie ein Blitz (Mt 24, 27) als der König aller Könige und Herr aller Herren (Offb 19, 16) in der ganzen Siegesgewalt Seines Vaters. Und diesmal werden Ihn sehen *alle* Augen, auch die Ihn durchbohrt haben, und wehklagen werden Seinetwegen alle Stämme der Erde (Offb 1, 7). Nun wird Er den Antimessias wie dessen Lügenpropheten und ihren gesamten Anhang niederstrecken; allein mit dem Hauch Seines Mundes werden sie alle dahingerafft werden (2 Thess 2, 8). Dann werden sich „die Reichen und Mächtigen, alle Sklaven und Freien" verbergen in den Höhlen und zwischen den Felsen der Gebirge! (Offb 6, 15.) Dann werden sie „sich verkriechen in den Felsspalten und Steinklüften vor dem Schreckensanblick des Herrn und vor dem Glanz Seiner Erhabenheit" (Jes 2, 19.21). Dann werden sie rufen zu den Bergen: „Fallt über uns!" und zu den Hügeln: „Bedeckt uns!" (Lk 23, 30; Hos 10, 8; Offb 6, 16; 9, 6). Aber es wird kein Entrinnen mehr geben. So triumphiert das Lamm über den Drachen und die göttliche Dreieinigkeit über die satanische Lügentrinität.

## Israel erkennt seinen Messias!

Dann wird aber auch die große Reue und Umkehr über Israel kommen, wenn sie, wie schon Sacharja geweissagt hat, „auf Den blicken werden, den sie durchbohrt haben, und um Ihn wehklagen werden, wie man um den einzigen Sohn wehklagt, und bitterlich Leid um Ihn tragen, wie man um den Erstgeborenen Leid trägt" (Sach 12, 10). Nun fällt es ihnen wie Schuppen von den Augen (2 Kor 3, 16), und sie erkennen in dem von ihnen gekreuzigten Jesus aus Nazareth plötzlich den Gesalbten Jahwes, *ihren Messias.* Und ihr erschütterndes Schuldbekenntnis wird dann lauten: „Wir haben Ihn für nichts geachtet. Wir hielten Ihn für Den, der von *Gott* geplagt und geschlagen und gemartet wäre. Aber Er ist um *unserer* Missetat willen verwundet und um unserer Sünde willen zerschlagen. Die Strafe liegt auf Ihm, auf daß wir Frieden hätten, und durch Seine Wunden sind wir geheilt" (Jes 53, 4—6). Damit aber vollzieht sich die Errettung und Wiedergeburt Israels (Röm 11, 26).

Wir fassen noch einmal zusammen, was das Erscheinen des Gekreuzigten als König für die Bewohner der Erde mit sich bringen wird: Israel erkennt seinen Messias, beugt sich weinend unter seine Schuld und kehrt um, wird gerettet und erneuert. Die Nationen aber, soweit sie bei der Anbetung des Antimessias mitgemacht haben, erleben das furchtbare Strafgericht des heiligen Gottes und erfahren den „Zorn des Lammes" (Offb 6, 16). Können wir nun verstehen, warum unser Herr Jesus den Seinen gerne dieses entsetzliche Erleben ersparen möchte? Deshalb ruft Er uns eindringlich zu: „Seid aber wachsam, indem ihr bei jeder Gelegenheit betet, damit ihr Kraft habt, zu *entfliehen* all dem, was zukünftig geschehen soll, und gestellt zu werden vor den Menschensohn!" (Lk 21, 36.)

Das also ist der göttliche Zweck der Entrückung: durch sie will der Herr Seine Erlösten bewahren und bergen vordem kommenden Zorn (1 Thess 1, 10; 5, 9). Das hat Er auch der Gemeinde von Philadelphia vom Himmel herab ausdrücklich verheißen: „Weil du bewahrt hast das Wort vom geduldigen Warten auf Mich, will auch Ich dich bewahren vor der Stunde der Versuchung, die über den gesamten Erdkreis kommen wird ... Ich komme *bald;* halte, was du hast, damit niemand deine Krone nehme!" (Offb 3, 10 f.).

## b) Das Geheimnis Israels

„Siehe, Er kommt auf den Wolken!" Mit diesem Ereignis hängt die Erfüllung der Verheißungen eng zusammen, die dem Volk Israel gegeben sind. Wir haben im Verlauf der bisherigen Sendereihe Israel schon mehrfach erwähnt. Doch hat dieses Volk im Heilsplan Gottes eine so große Bedeutung, daß es notwendig erscheint, das „Geheimnis" Israels (Röm 11, 25 a) noch eigens im Zusammenhang zu beleuchten.

## Gottes Bundesvolk

Daß Gott im Alten Testament mit Israel einen Bund geschlossen hat, den wir den „Alten Bund" nennen, ist allgemein bekannt und auch anerkannt. Weniger bekannt ist die Tatsache, daß Gott auch den „Neuen Bund" mit dem Volk Israel geschlossen hat.

Hatte doch Gott durch den Propheten Jeremia ausdrücklich gesagt: „Wisset wohl: es kommt die Zeit, da will Ich mit dem Hause *Israel* und dem Hause *Juda* einen neuen Bund schließen . . ." (Jer 31, 31). Diese Weissagung hat sich durch die Sendung des Messias und durch Sein Opfer erfüllt. Und diese Weissagung hatte der Herr Jesus vor Augen, als Er Seinen Jüngern den Kelch reichte mit den Worten: „Dieser Kelch ist der *neue Bund* in Meinem Blut!" (1 Kor 11, 25.) Was für Männer aber waren es, die Ihn an jenem denkwürdigen Abend umgaben? Es waren ausschließlich Israeliten! Es kann also kein Zweifel bestehen: Israel ist das auserwählte Volk Gottes im Alten wie im Neuen Bund! So kam auch keiner von den Aposteln auf den Gedanken, dem Volk Israel die Eigenschaft als erwähltes Gottesvolk abzusprechen oder etwa diese besondere Bezeichnung auf die christliche Gemeinde zu übertragen. So deutlich und schmerzlich Paulus es empfand, daß sein geliebtes Volk den Messias Jesus verworfen hatte und in Blindheit am alten Weg des Gesetzes festhielt, — daran ließ er keinen Zweifel: Israels Erwählung ist dadurch nicht ungültig geworden.

## Der rechtmäßige Stamm

Als er einen gewissen Hochmut der Christen aus dem Heidentum spürte, stellte er die Sachlage im Bild vom Ölbaum klar: Die Juden sind und bleiben der *rechtmäßige Stamm!* Die Heiden, die sich dem Messias anvertraut haben, sind lediglich Pfropfreiser, die auch wieder abgeschnitten werden können (Röm 11). Der Begriff „Volk Gottes" bleibt Grundeigentum des jüdischen Volkes; der Christenheit steht dieser Titel und Anspruch nicht zu; es ist nur eine Ausweitung des Begriffes erfolgt. Jeder einzelne, der zum neuen Leben wiedergeboren wird, ist damit dem Volk Gottes eingegliedert und hat damit Anteil an seinen Verheißungen. Wir sind als einzelne der Gottesgemeinde Israel eingepflanzt. Es war nötig, daß Paulus das klarstellte. Trotzdem ist seine Mahnung schon in den kommenden Jahrhunderten nicht nur vergessen, sondern geradezu in ihr Gegenteil verkehrt worden*. So begann eine verhängnisvolle Fehlentwicklung, die nicht nur den Keim für die späteren Judenverfolgungen legte, sondern auch das Selbstverständnis der Kirchen wie auch der eigentlichen Gemeinde Jesu verfälschte. Hinzu kam, daß man sich seit dem Jahr 200 angewöhnt hatte, alle Vorrechte und Verheißungen, die dem Volk Israel gegeben waren, ohne weiteres auf die Kirche als das angeblich „neue Israel" zu übertragen. Völlig zu Unrecht!

## Keinesfalls verworfen!

Ebensowenig haben wir das Recht, zu behaupten, Israel sei von Gott verworfen, weil es seinen Messias ans Kreuz gebracht habe. Wenn die Apostel Petrus und Paulus auf die Kreuzigung zu sprechen kommen, nehmen sie das Volk Israel deutlich in Schutz. So sagte Petrus zu seinen Stammesgenossen: „Liebe Brüder, ich weiß, daß ihr *in Unwissenheit* gehandelt habt, wie auch eure Führer. Gott aber hat auf diese Weise und auf diesem Weg gerade das zur Erfüllung gebracht, was Er durch den Mund aller Propheten schon im voraus verkündigt hatte, daß nämlich Sein Messias leiden werde ..." (Apg 3, 17.18). Und Paulus schreibt

---

\* Nach Arthur *Richter*, „Die Juden und wir", Verlag Dr. R. F. Edel, Marburg 1962.

den Korinthern im Zusammenhang mit der im Messias erschienenen Weisheit Gottes: „Diese Weisheit hat keiner der Machthaber dieser Welt erkannt; denn sonst würden sie den Herrn der Herrlichkeit nicht gekreuzigt haben" (1 Kor 2, 8). So haben die beiden Apostel das Vorgehen ihrer Obrigkeit bei der Verurteilung des Messias damit entschuldigt, daß sie in Unkenntnis, in Unwissenheit gehandelt habe. Dabei haben die Apostel den Herrn Jesus selbst eindeutig auf ihrer Seite, denn Er hat es ja Seinen Feinden am Karfreitag ausdrücklich bestätigt mit den Worten: „. . . sie wissen *nicht,* was sie tun!" (Lk 23, 34.)

## Kein Fluch auf Israel!

Viele meinen, das Wort der Juden vom Karfreitag: „Sein Blut komme über uns und unsere Kinder!" habe sich in dem Sinn erfüllt, daß das Blut Jesu als Fluch Gottes auf Israel gekommen sei. Aber das ist unmöglich. Die Heimsuchungen, die über die Israeliten hereinbrachen, sind nicht durch das Blut Jesu, sondern durch ihren hartnäckigen Unglauben ausgelöst worden. Das teure Opferblut des Lammes kann ja niemals Fluch bringen, sondern nur Segen, nur Erlösung, nur Heil und Leben, nichts anderes — auch für Israel nichts anderes! Und wenn Jesus am Kreuz für Seine Mörder gebetet hat: „Vater, vergib ihnen!" (Lk 23, 34), dann ist Ihm diese Bitte ohne Zweifel erhört worden. So waren an Pfingsten die ersten Dreitausend, die sich bekehrten und durch Jesu Blut gerettet wurden, lauter Israeliten! Petrus kann ihnen auf die Frage, was sie tun sollten, antworten: Ihr braucht nur umzukehren, dann wird euch Vergebung zuteil werden; „denn gerade euch gilt ja die Verheißung — und euren Kindern sowie allen denen in der Ferne, so viele der Herr, unser Gott, noch herzurufen wird!" (Apg 2, 38.39). So hat der himmlische Vater die Fürbitte des Sohnes erhört. Durch das Blut des Gekreuzigten wurde allen Israeliten, die umkehrten, Vergebung zuteil, und Gottes Verheißungen haben sich an ihnen und ihren Nachkommen herrlich erfüllt.

## Gott steht zu Seinem Wort

Schon zu Mose hatte Gott gesagt, daß Er die Sünden der Väter an den Kindern nur bis ins dritte oder vierte Glied, also höchstens bis in die vierte Generation heimsuchen werde (Ex/2 Mose 20, 5) — und da will man behaupten, die angebliche Schuld jener Juden, die an der Verurteilung des HErrn beteiligt waren, würde noch heute — nach mehr als 60 Generationen! — als Fluch auf Israel liegen? Welch eine unmögliche Vorstellung! Gott sollte Sein Volk verworfen haben? Ausgeschlossen! Schon durch Jeremia hatte Er ja verheißen: „So wenig der Himmel droben ausgemessen und die Grundfeste der Erde drunten erforscht werden kann, so wenig will Ich auch die gesamte Nachkommenschaft Israels verwerfen wegen alles dessen, was sie begangen haben" (Jer 31, 37). Und der Apostel Paulus bestätigt es im Namen des HErrn, wenn er den Römern schreibt: „Nein, Gott hat Sein Volk *nicht* verstoßen; Er hat es ja zum Eigentum erwählt!" (Röm 11, 2) und weiter: „Jetzt stehen die Juden zwar wegen ihrer Ablehnung des Evangeliums noch als Feinde da. Das ist aber euch zugute gekommen. Doch sind sie *immer* noch von Gott erwählt und Geliebte Gottes schon um der Väter willen. Denn *unwiderruflich* sind die Gnadengaben Gottes und die Berufung, die Er ausspricht" (Röm 11, 28.29). Gott hat also Seine Zusagen an Israel nicht zurückgenommen, nicht eine einzige! Seine Erwählung gilt, Sein Wort steht in Kraft. Israel ist und bleibt Sein erwähltes und geliebtes Volk.

## „Dies Geschlecht wird nicht vergehen!"

So erschütternd die Führungen auch sind, mit denen Israel seit dem Jahr 70 bis in die jüngste Vergangenheit hinein heimgesucht worden ist, so zeigte sich doch gerade auf diesem schweren Wege in einzigartiger Weise die Treue und Wundermacht dessen, der sich zu allen Zeiten als der „Gott Israels" erwiesen hat. Denn trotz seiner Zerstreuung unter alle Nationen der Erde hat Gott in wunderbarer Weise dafür gesorgt, daß Israel doch als Volk erhalten geblieben ist — ein in der ganzen Geschichte der Völker einmaliger Tatbestand! Sonst ist es nämlich im Laufe der Jahrtausende immer so gewesen, daß jedes seiner Heimat beraubte Volk innerhalb von ganz wenigen Generationnen aufgesogen worden ist von den Völkern, in die es sich zerstreute, und auf diese Weise seine Identität verloren hat. Fragen wir uns doch: Wo sind etwa die Kelten? Aufgesogen. Wo sind die Skyten, die einst ein großes Volk waren? Verschwunden. Wo sind die Hunnen? Verschwunden. Wo sind die Goten? Die Mauren? Alle sind sie von der Bildfläche verschwunden. N u r mit I s r a e l ist es anders.* Ohne Beispiel ist es in der gesamten Menschheitsgeschichte, wie dieses Volk, obwohl es neunzehn Jahrhunderte hindurch keine Heimat, keinen eigenen Staat mehr hatte und über die ganze Erde zerstreut leben mußte, dennoch als Volk erhalten geblieben ist. Und warum? Darauf gibt es nur die eine Antwort: der Gott Israels hat über Sein Volk Seine bewahrende Hand gehalten, weil Er gemäß Seinen Verheißungen in der Zukunft noch Großes mit Israel vorhat. Und so hatte es der Herr Jesus klar vorausgesagt mit den Worten: „Dies Geschlecht wird nicht vergehen, bis das alles geschieht" (Mt 24, 34). Mit diesem „Geschlecht" ist nach dem Zusammenhang „der Feigenbaum" (V. 32) gemeint, also das Volk Israel. Und tatsächlich: Es ist durch Gottes Treue und Wundermacht bis heute nicht vergangen.

## Prophetie wird Geschichte!

Wie wunderbar aber handelt Gott vollends in der Gegenwart an Seinem Volk! Führt Er es doch mit Seiner erhobenen Hand aus allen Völkern, in die Er es zerstreut hatte, zurück und holt es heim ins Land seiner Väter. So erfüllt sich vor unseren Augen, was der Herr durch den Mund Seiner Propheten verheißen hatte: „Sammeln, ja

---

* Vgl. Gerhard Bergmann, Leben wir in der Endzeit? Gladbeck 1961, S. 43—47.

sammeln will Ich dich, Jakob, insgesamt; zusammenbringen, ja zusammenbringen will Ich den Überrest Israels" (Micha 2, 12; Jes 11, 12; 60, 4; Dtn 30, 4; Sach 9, 12; 10, 8—10). Und Jesus selbst hatte ja die Preisgabe Jerusalems an die Heiden von vornherein *befristet* angekündigt mit den Worten: „Jerusalem wird von den Nationen zertreten werden, (aber nur so lange.) b i s die Fristen der Nationen erfüllt sein werden" (Lk 21, 24). Im Lichte dieser Weissagung wird die heilsgeschichtliche Bedeutung des Sechs-Tage-Krieges vom Juni 1967 erkennbar: Daß *ganz* Jerusalem wieder in den Besitz Israels zurückkehrte, macht deutlich, daß sich die Fristen, die Gott den Heidenvölkern gesetzt hat, ihrem Ende nähern.

## Israels einzigartige Zukunft

Und was für gewaltige Aufgaben warten im Messianischen Reich auf Israel! Wie wird sich der Herr dann erst als der Heilige in Israel an Seinem Volk verherrlichen! Denn so hat Er verheißen: „Ich werde dann Meine Freude an ihnen haben, so daß Ich ihnen Liebe erweise, und Ich will sie in diesem Land einpflanzen in Treue, mit ganzem Herzen und mit ganzer Seele. Wie Ich all dieses große Unheil über diese Volk gebracht habe, ebenso will Ich ihnen all das Gute widerfahren lassen, das Ich ihnen jetzt verheiße ... Dann wird Jerusalem für Mich ein Freudenname werden, ein Ruhm und eine Verherrlichung bei allen Nationen der Erde" (Jer 32, 41 f.; 33, 9). So hängt die Sammlung, Errettung und Wiedergeburt Israels aufs engste mit der umfassenden Sendung zusammen, die dem Volk Gottes im Hinblick auf die Nationen für die Zukunft noch zugedacht ist. Denn so hat der Herr verheißen: „Wisset wohl: Ich werde Mein Volk erretten aus den Ländern des Sonnenaufgangs und aus den Ländern des Sonnenuntergangs und werde sie heimbringen, daß sie wieder inmitten Jerusalems wohnen; und sie sollen Mein Volk sein, und Ich will ihr Gott sein in Treue und Gerechtigkeit ... So werden denn viele Völker und zahlreiche Völkerschaften kommen, um den Herrn der Heerscharen in Jerusalem aufzusuchen . . . In jenen Tagen, da werden zehn Männer aus allen Sprachen der Völker *einen* jüdischen Mann beim Rockzipfel ergreifen und zu ihm sagen: ‚Wir wollen mit euch gehen, denn wir haben vernommen, daß Gott mit euch ist.'" (Sach 8, 7.8.22.23).

## Deutschlands furchtbare Schuld

Wenn wir uns diese einzigartige Stellung vergegenwärtigen, die Israel im Heilsplan Gottes einnimmt, dann kommt uns erst recht zum Bewußtsein, wie furchtbar unsere Verschuldung gegenüber Israel im Urteil unseres Gottes sein muß. Durch den Propheten Sacharja hat Gott im Blick auf die Israeliten gesagt: „Wer euch antastet, der tastet Meinen Augapfel an" (Sach 2, 12 b). *Wie* aber haben wir uns an ihnen vergriffen und versündigt! Sechs Millionen Glieder dieses Volkes, das Gott so liebt, sind durch uns Deutsche innerhalb weniger Jahre zu Tode gequält worden! Aber auch abgesehen von dieser himmelschreienden Blutschuld haben wir uns schwer an Israel versündigt. Unsere Versündigung gegenüber den Juden begann ja nicht erst im Dritten Reich, sondern liegt viel weiter zurück. Der Nationalsozialismus hat ja die antisemitische Gesinnung in Deutschland nicht erst geschaffen, sondern bereits vorgefunden! Schon seit Jahrhunderten war nämlich der Haß gegen das Judentum von den Vätern auf die Kinder vererbt worden. Hier liegt unsere Schuld zutiefst begründet. Die Juden wurden von jeher gehaßt — oder doch zumindest verachtet. Anstatt sie zu lieben, weil Gott sie liebt, waren sie uns völlig gleichgültig, und wir haben in ihnen nur das angeblich von Gott verfluchte Volk gesehen. Bis zum heutigen Tag steckt diese Abneigung gegen die Juden tief in den Herzen vieler Menschen, auch inmitten der christlichen Gemeinden.

## Unsere eigentliche Aufgabe

Unser allergrößtes Versäumnis aber ist gewesen, daß wir den Juden nicht mit Wort und Wandel glaubwürdige Zeugen unseres Herrn *Jesus* gewesen sind. Wir haben sie nicht hingeliebt und hingeführt zu ihrem Messias, unserem Herrn. Wir sind ihnen das Kostbarste schuldig geblieben, was uns anvertraut war. Unsere Liebe zu ihnen hätte für sie ein Wegweiser, eine Hilfe werden sollen, um Jesus kennenzulernen als die verkörperte Liebe des Gottes Israels. Statt dessen sind wir kalt an ihnen vorübergegangen und haben sie mit Verachtung gestraft. Niemand sage, er sei zu solcher Liebe nicht imstande. Will Jesus uns nicht Seine eigene Liebe ins Herz legen? Wenn wir uns aber von Seiner Liebe erfüllen und regieren lassen, dann können wir auch diejenigen lieben, aus deren Mitte Er einst hervorgegangen ist und die Er deshalb Seine Brüder nennt. So wollen wir die Zeit auskaufen, um Israel wohlzutun, denn so spricht der Herr: „Siehe, Ich komme *bald* und Mein Lohn mit Mir!"

## c) Das Messianische Reich

„Siehe, Er kommt mit den Wolken, und es werden Ihn sehen alle Augen, auch die, die Ihn durchbohrt haben, und wehklagen werden Seinetwegen alle Stämme der Erde." Das ist das Erscheinen des Herrn in der Siegesgewalt und Majestät Seines Vaters als König aller Könige. Damit findet die Gewaltherrschaft des Antimessias ein rasches Ende: er wird zusammen mit seinem Lügenpropheten die ihm gebührende Strafe erhalten und lebendig in den Feuersee geworfen werden (Offb 19, 20). Gleichzeitig wird Gottes uneingeschränkte Königsherrschaft auf dieser Erde aufgerichtet.

### Der jetzige Zustand nur vorübergehend

Angebrochen i s t diese Königsherrschaft ja bereits damals, als Jesus auf die Erde kam und in königlicher Vollmacht Sein Messiasamt ausübte. Deshalb konnte Er sagen: „Wenn Ich aber durch Gottes Geist die Dämonen austreibe, dann hat euch die Königsherrschaft Gottes schon überrascht" (Mt 12, 28) — und bei anderer Gelegenheit: „Siehe, die Königsherrschaft Gottes i s t bereits mitten unter euch!" (Lk 17, 21 b.) Wo immer Er als Messiaskönig hinkam, da brachte

Er Gottes königliche Herrschaft mit. Ebenso hat Er Seinen bevollmächtigten Botschaftern den Auftrag gegeben, in Seinem Namen die Königsherrschaft Gottes auszurufen (Lk 9, 2); und wo immer dies in Vollmacht geschieht, ist Gottes Königsherrschaft gegenwärtig und wirksam. Aber sie ist in diesem jetzigen Zeitalter — zwischen der Erhöhung und der Wiederkunft Jesu — noch vor den Augen der Welt verborgen, weil auch ihr König selbst noch im Himmel verborgen ist. Außerdem ist Gottes Königsherrschaft noch nicht uneingeschränkt wirksam, weil Gott nach dem Plan Seiner Weisheit vorerst Seinem und unserem Feind noch einen gewissen Spielraum läßt. Da Satan jedoch seit dem Karfreitag besiegt und überwunden ist, kann die gegenwärtige Lage, in der Gottes Herrschaft auf Erden noch verborgen und eingeschränkt ist, selbstverständlich nur ein vorübergehender Zustand sein. Alles drängt hin auf den großen Tag, von dem es heißt: „Übergegangen ist die Königsherrschaft über die Welt an *unseren* Herrn und Seinen Gesalbten, und Er — Er allein — wird als König regieren bis in die Zeitalter der Zeitalter" (Offb 11, 15).

## Satan wird ausgeschaltet

Dies aber geschieht mit dem Erscheinen unseres Herrn *Jesus* als König. Allerdings muß vorher noch einer ausgeschaltet werden, der sonst wieder alles stören und durcheinanderbringen würde: Satan, der alte Gegenspieler unseres Gottes. So völlig aber hat Jesus durch Seine Tat am Kreuz den Feind besiegt, daß Er zu dessen Beseitigung keinen Finger mehr zu rühren braucht. Es genügt die Abordnung eines Engels vom Himmel: von ihm wird Satan gefesselt und in den Abgrund eingeschlossen, damit er im kommenden Jahrtausend keine Möglichkeit mehr besitzt, die Menschen auf Erden zu verführen (Offb 20, 1—3). Damit aber ist der Weg für das Messianische Reich frei. Es muß jetzt nur noch entschieden werden, wer von den Übriggebliebenen zum Eintritt in dies Reich zugelassen werden kann. Dies geschieht durch das Völkergericht im Tal Josaphat (Joel 4, 12; Mt 25, 31—46).

## Der Thron des Messias

Und nun beginnt das schon von den Propheten verheißene Messiasreich. Inzwischen sind alle Throne und Machtstellungen der bisher regierenden Herren dahingesunken, und es steht auf dem weiten Erdenrund nur noch *ein* Thron, nämlich der Thron des Messias — in Jerusalem! Nun wird es Wirklichkeit, was der Erzengel Gabriel einst der Jungfrau Maria zu verkündigen hatte und was doch bisher noch nicht in Erfüllung gegangen war: „...und Gott der Herr wird Ihm den Thron *Davids*, Seines Vaters, geben..." (Lk 1, 22 b). Und es erfüllt sich, was schon sechs Jahrhunderte vorher angekündigt worden war: „In jener Zeit wird man Jerusalem *den Thron des HErrn* nennen, und es werden dort alle Nationen zusammenströmen um des Namens des Herrn willen und in ihrem Wandel nicht länger dem Starrsinn ihres eigenen Herzens folgen" (Jer 3, 17).

Überhaupt werden sich im Messianischen Reich noch viele alttestamentliche Verheißungen bewahrheiten, die man bisher kaum beachtet oder zu Unrecht umgedeutet hat. Weil deren Erfüllung so nahe bevorsteht, ist es hohe Zeit, daß wieder die volle Wahrheit des prophetischen Wortes verkündigt und der göttliche Heilsratschluß in seinem gesamten Umfang von der Gemeinde erfaßt wird.

## Nicht zu unterschlagen

Und gerade das Segenszeitalter des Messianischen Reiches auf der alten Erde ist ein sehr wesentlicher Abschnitt in der Haushaltung der Heilsgeschichte unseres Gottes, der deshalb nicht unterschlagen werden darf, wie es leider durch mehr als anderthalb Jahrtausende in der Theologie und Verkündigung der Großkirchen geschehen ist. Geht es doch hier darum, daß unser Herr Jesus als der Gesalbte Jahwes unter Beweis stellt, was unter Seinem Königszepter aus dieser Erde werden kann, die Jahrtausende lang der Schauplatz der traurigen Mannschaften, Verführungskünste und Zerstörungswut des Teufels gewesen war.

## Friede in jeder Hinsicht

Das Hauptmerkmal des Messianischen Reiches wird jedenfalls sein, daß in ihm völliger *Friede* herrscht. So hatte es schon Jesaja geschaut, wenn er vom Messias sagt: „Groß wird Seine Herrschaft sein und des Friedens kein Ende auf dem Throne Davids und für Seine Königsherrschaft, indem Er sie festigt und stützt durch Recht und Gerechtigkeit von nun an bis in Ewigkeit: Der Eifer des Herrn der Heerscharen wird solches vollführen" (Jes 9, 6). So wird nun die jahrtausendealte Sehnsucht der Völker nach Frieden in der Welt ihre Erfüllung finden. Und was die Menschheit in ihrer langen Geschichte so oft versucht und doch durch alle Beratungen und Bemühungen ihrer Staatsmänner, durch Konferenzen, Völkerpakte und Verträge nie zustande gebracht hat und auch in Zukunft (allen pazifistischen Parolen zum Trotz) nie zustandebringen wird, daß nämlich auf dieser Erde wirklich Friede einkehre, das wird jetzt unter der Regierung des Messias erreicht werden. „Es kann nicht Friede werden, bis *Jesu Liebe* siegt, bis dieser Kreis der Erden zu *Seinen* Füßen liegt" (Albert Knapp).

Wenn es aber so weit ist, dann wird der Friede in jeder Beziehung vollkommen sein auf der Erde. So völlig werden die Menschen und Völker jeden Gedanken an Krieg aufgegeben haben, daß die bisherigen Waffen umgeschmolzen werden können zu Ackergeräten (Jes 2, 4; Micha 4, 3). Ebenso wird im Tierreich Friede eingekehrt sein: „Dann wird der Wolf als Gast bei dem Lamm weilen und der Panther sich neben dem Böcklein lagern; das Kalb, der junge Löwe und der Mastochse werden vereint weiden, und ein kleiner Knabe wird Treiber bei ihnen sein; Kuh und Bärin werden miteinander weiden, und der Löwe wird Stroh fressen wie das Rind; und sie werden nichts Böses mehr verüben und kein Unheil mehr anrichten in Meinem ganzen heiligen Berglande: Der Herr hat es verheißen!" (Jes 11, 6 f.; 65, 25).

Doch *noch* mehr hat Gott schon vor Jahrtausenden zugesagt für diese Zeit: Auch zwischen Menschheit und Tierwelt herrscht jetzt Eintracht und Friede, wie geschrieben steht: „Ich will an jenem Tage zu ihren Gunsten auch einen Bund mit den Tieren des Feldes ... schließen" (Hos 2, 20) und „die bösen Tiere aus dem Lande verschwinden lassen, so daß sie sogar in der Steppe sicher weilen und in den Wäldern schlafen können" (Hes 34, 25). Ja selbst die Schlange wird nicht mehr giftig sein, denn „der Säugling wird am Schlupfloch der Otter spielen und das eben erst entwöhnte Kind seine Hand ausstrecken nach der Höhle der Natter" (Jes 11, 8).

Alles in allem gilt dann: „Man wird überhaupt nichts Böses mehr tun und nicht mehr unrecht handeln auf Meinem ganzen heiligen Berglande; denn das Land wird voll von der Erkenntnis der Herrlichkeit des Herrn sein, gleich wie die Wasser den Meeresgrund bedecken" (Hab 2, 14).


## Die Nationen pilgern nach Jerusalem

Jerusalem aber wird mit seinem Tempelberg der Mittelpunkt und Sammelpunkt für alle Nationen werden: „Dann werden alle Heidenvölker zu ihm hinströmen und zahlreiche Völkerschaften hinwallen und sagen: ‚Kommt, laßt uns zum Berg des Herrn hinaufziehen, damit Er uns Seine Wege lehre und wir auf Seinen Pfaden wandeln!' Denn von Zion wird die Weisung ausgehen und das Wort des Herrn von Jerusalem." (Jes 2, 3). Israel aber wird dabei in der Hand seines Gottes das Werkzeug sein für die Missionierung der Nationen (Jes 66, 19; Sach 8, 13.23; Röm 11, 12.15). So wird durch Israel die Herrlichkeit Gottes unter den Heiden verkündigt werden.


## Der Vorzug der Ersten Auferstehung

So ist es leicht zu verstehen, daß diejenigen „selig und heilig" genannt werden, die durch die Erste Auferstehung oder durch die Entrückung der Segnungen des Messianischen Reiches teilhaftig werden: „Über diese hat der andere Tod keine Vollmacht; sie werden vielmehr Priester Gottes und des Messias sein, und königlich werden sie mit

Ihm regieren die tausend Jahre" (Offb 20, 6). Wir sehen also erneut, wieviel davon abhängt, ob wir unter denen sind, die dem Herrn begegnen werden in der Luft, wenn Er als Bräutigam erscheint. Allerdings bleibt selbst denjenigen Christen, die bei der Entrückung nicht bereit waren, noch eine gewisse letzte Möglichkeit: Wenn sie sich unter der Regierung des Antimessias als treue Zeugen zu Jesus bekennen und als Märtyrer ihr Leben für Ihn hingeben, sollen sie noch nachträglich an der Ersten Auferstehung teilhaben, und sie werden sogar noch als Mitregenten im Messianischen Reich eingesetzt (Offb 20, 4).

Haben wir nicht allen Grund, das ernst zu nehmen, was vom Himmel herab uns zugerufen wird: „Siehe, Ich komme *bald!* Glückselig ist, wer mit gespannter Aufmerksamkeit auf die Worte der Weissagung dieses Buches achtet, sie bewahrt und hält!" (Offb 22, 7.)

# 5. Siehe, Er kommt –
## als Richter und Weltvollender

## a) Die allgemeine Auferstehung zum Gericht

„Siehe, Er kommt mit den Wolken!" — das steht klar in der Schrift. Aber wir haben gesehen, daß das zunächst noch gar nichts mit dem allgemeinen Weltgericht zu tun hat, sondern daß es zunächst nur um die Entrückung der Brautgemeinde geht und dann am Abschluß der Regierungszeit des Antimessias um die Aufrichtung des Messianischen Reiches.

### Erste und Zweite Auferstehung

Erst *nach* Vollendung dieses Jahrtausends der Friedensherrschaft des Messias auf der alten Erde erfolgt die allgemeine Auferstehung und das große Weltgericht. Es muß also zwischen der Ersten und der Zweiten Auferstehung scharf unterschieden werden. Auch Jesus hebt die „Auferstehung des Gerichts" ab von der „Auferstehung *des Lebens*" (Joh 5, 29), die Er als die „Auferstehung der Gerechten" (Lk 14, 15) bezeichnet.

### Der Große Weiße Thron

Die Auferstehung zum *Gericht* aber ist eine sehr ernste Angelegenheit. Der Apostel Johannes sieht „einen Großen Weißen Thron und Ihn, der darauf saß" (Offb 20, 11). Dabei braucht der Name des Weltenrichters gar nicht genannt zu werden. Aus dem Evangelium wissen wir ja, w e m der Vater das gesamte Gericht übertragen hat: dem

43

S o h n (Joh 5, 22.27). Außerdem sieht Johannes die Toten ohne Unterschied, die Großen wie die Kleinen, wie
sie erscheinen müssen vor dem Thron (Offb 20, 12 a).
Da kann sich keiner mehr verstecken; da kann keiner mehr
untertauchen. Da wird jeder persönlich unausweichlich und
unentrinnbar gefordert und zur Rechenschaft gezogen.

## Die Protokollbücher des Himmels

Wonach aber werden sie gefragt und wonach ergeht der
Urteilsspruch? Viele Christen denken, sie würden dann nach
ihrem Glauben gefragt, und der Teufel beruhigt sie mit
dem Gedanken, sie könnten sich dann darauf berufen, daß
sie immer das geglaubt hätten, was in ihrem Katechismus
steht, es sei der katholische oder der lutherische oder der
Heidelberger. Aber überraschenderweise wird am Jüngsten
Tag ganz und gar nicht nach dem gefragt, was man „geglaubt" hat, sondern einzig und allein nach dem, wie man
g e l e b t hat. Denn ausdrücklich heißt es an dieser Stelle
der Schrift: „Und Bücher wurden geöffnet, und beurteilt
wurden die Toten aus den Eintragungen in den Büchern
*gemäß ihren Werken*" (Offb 20, 12 b. d). Es gibt also nichts
Törichteres, als zu denken, unsere Sünden seien erledigt,
weil wir selbst sie vergessen haben. Ob sie von uns vergessen sind oder nicht, ist völlig gleichgültig; denn auf jeden Fall sind sie *aufgeschrieben!* Es wird nämlich über unser
Leben *Buch* geführt, und zwar doppelt: im Himmel *und*
in der Hölle! Der Apostel Paulus spricht einmal von dem
„gegen uns lautenden Schuldbrief, der durch die Satzungen
wider uns war" (Kol 2, 14). Diesen Schuldbrief, der unsere Sünden zum Inhalt hat, weist der Verkläger am Thron
im Himmel vor, sooft er uns „verklagt vor dem Angesicht unseres Gottes bei Tag und Nacht" (Offb 12, 10 d).
Es wird aber auch im Himmel Buch geführt über unser
Leben. Und an jenem Tage vor dem Großen Weißen Thron
werden die Protokollbücher des Himmels aufgeschlagen,
und entsprechend dem, was darin verzeichnet ist, werden
die Toten beurteilt und gerichtet, gemäß ihren Werken.
Dabei wird es nebensächlich sein, ob der einzelne einst ei-

nes natürlichen Todes gestorben und beerdigt worden ist, oder ob er im Meer ertrunken oder in einer Bombennacht verbrannt ist; denn auch das Meer wird an jenem Tage seine Toten herausgeben, und alle ohne Ausnahme werden wieder zum Leben erweckt werden, um ihren Urteilsspruch zu empfangen, und zwar — wie es ausdrücklich noch einmal heißt — „jeder einzeln, entsprechend seinen Werken" (Offb 20, 13).

## Die Heiligen in richterlicher Funktion

Nun gibt es aber eine Schar von Menschen, die vor dem Großen Thron nicht mit anzutreten brauchen, sondern das Vorrecht haben, an der Seite des Richters zu erscheinen: „Oder wißt ihr nicht, daß die Heiligen die Welt richten werden?" (1 Kor 6, 2). Das sind diejenigen, die in dem anderen Buch, nämlich im „Buch des Lebens" (Offb 20, 12 c) eingetragen sind. Sie hatten das Gericht Gottes schon in diesem Leben hinter sich gebracht. Einmal müssen wir uns ja *alle* dem Gericht des Allerhöchsten stellen; aber man kann dieses Gericht schon auf Erden hinter sich bringen.

## Eine unerhörte Möglichkeit

Wie ist das möglich? Dadurch, daß wir uns hier schon freiwillig dem Gericht Gottes stellen. Der unerlöste Mensch ist aber seit dem ersten Südenfall auf der *Flucht* vor Gott und darum unablässig bemüht, sich vor dem heiligen Auge seines Richters zu verstecken, wie einst Adam und Eva im Paradies (Gen 3, 8). Immer ist er bestrebt, seine Sünde zu verharmlosen, zu verbergen und abzuleugnen. Gott hingegen fordert uns in Seinem Wort dazu auf, diesen Versuch aufzugeben und *umzukehren*. Umkehren aber bedeutet: seine Sünde, das heißt sein verkehrtes, von Gott abgesondertes, eigenwilliges und selbstherrliches Leben eingestehen, bereuen und aufgeben. So kann es geschehen, daß ein Sünder unter der Botschaft von Jesus zur Besinnung kommt und sich nüchtern eingesteht, daß die Flucht vor Gott ein aus-

45

sichtsloses Unterfangen ist. So entschließt er sich, diesen törichten Versuch aufzugeben und sich mit all seiner Schuld seinem Gott zu stellen: auf Gedeih und Verderb! Aber kann man es denn wagen, als schuldbeladener Sünder überhaupt in die Gegenwart des heiligen Gottes zu treten? Es ist gewiß keine Kleinigkeit, denn es geht dabei um Tod und Leben. Weil das so schwer ist, erlaubt Gott uns, daß wir uns dabei helfen lassen von einem Menschen, der bereits zurückgefunden hat zu seinem Gott. Mehr noch: Er bietet uns diese Hilfe ausdrücklich an. Deshalb schreibt der Apostel Jakobus im Auftrag Gottes: „Bekennet euch nun gegenseitig offen eure Sünden und betet füreinander, damit ihr geheilt werdet" — geheilt an Leib und Seele! (Jak 5, 16.) Haben wir das schon getan? Haben wir von diesem Angebot göttlicher Hilfe schon Gebrauch gemacht? Wer es tut, wer seine Sünden in Gegenwart eines Zeugen ans Licht bringt, sich beugt und sein bisheriges Leben verurteilt und abbricht, sich gleichzeitig aber beruft auf JESUS, dem kann in Dessen heiligem Auftrag und persönlicher Vollmacht das lösende Wort zugesprochen werden: „Dir sind deine Sünden vergeben!" Und es verwirklicht sich an ihm die ungeheure Zusage des Welterlösers: „Was ihr auf der Erde lösen werdet, wird auch im Himmel g e l ö s t sein" (Mt 18, 18 b). Auf diese Weise erfährt der Beichtende an sich real, daß das gerechte Gericht Gottes, das ihn unweigerlich getroffen und ihm den ewigen Tod eingebracht hätte, bereits vollstreckt *ist* an Ihm, dem Gekreuzigten, unserem Stellvertreter und Bürgen. Die Strafe, die wir verdient haben, liegt auf Ihm, auf daß wir Frieden hätten, und durch Seine Wunden sind wir geheilt (Jes 53, 5). Das Gericht Gottes liegt dann bereits hinter uns.

### Das Preisgericht des Messias

Wohl wird auch das Leben der Erlösten noch einer Prüfung unterzogen werden, ob es gut oder schlecht gewesen ist, was der einzelne gewirkt hat (2 Kor 5, 10). Im Feuer muß offenbart werden, was für einen Wert das Lebenswerk jedes Jüngers gehabt hat: ob er Gold, Silber, kostbare Steine aufgebaut hat — oder nur Holz, Stroh und Rohr (1 Kor 3, 12—15). Dieses Preisgericht für die Geretteten aber hat nichts zu tun mit dem allgemeinen Weltgericht vor dem Großen Weißen Thron, denn es wird viel früher schon stattgefunden haben, und zwar „vor dem Preisrichterstuhl des Messias" (2 Kor 5, 10)*. Dabei ist keine Verurteilung, kein Verdammtwerden zu befürchten, vielmehr geht es um die Frage des Gnadenlohnes, der dem einzelnen zuteil werden soll. Dann gilt: „Wenn jemandes Werk bleiben wird (d. h. in dem Feuer standhält), wird er Lohn empfangen; wird aber jemandes Werk verbrennen, so wird er den Schaden zu tragen haben. Er selbst zwar wird gerettet werden, jedoch nur so, wie durchs Feuer hindurch" (1 Kor 3, 14 f.).

## Die unausweichliche Alternative

Jedenfalls gilt, was Paulus schreibt: „Wenn wir mit uns selbst ins Gericht gingen, würden wir nicht gerichtet" (1 Kor 11, 31). Jesus selbst hat uns die wunderbare Möglichkeit angeboten, das Gericht hier schon hinter uns zu bringen: „Wer Mein Wort hört und sich vertrauensvoll Dem ausliefert, der Mich gesandt hat, der *hat* bereits ewiges Leben, und ins Gericht wird er *nicht* mehr kommen; er hat vielmehr schon den Schritt aus dem Tode ins Leben vollzogen" (Joh 5, 24).

---

* „*Der Maßstab* ist die Treue (1 Kor 4, 1—5; Mt 25, 21.23), das Ganze unseres Lebens, das Ergebnis unseres Gewordenseins. Nicht nur unsere Taten, sondern auch unsere Möglichkeiten, nicht nur, was wir waren, sondern auch, was wir hätten sein können, nicht nur unsere Handlungen, sondern auch unsere Unterlassungen (Jak 4, 17); nicht die Arbeit, sondern der Arbeiter, nicht die Menge, sondern das Gewicht unserer Taten (1 Sam 2, 3), nicht nur, was wir erreichten, sondern auch, was wir erstrebten. Von unseren Werken gelten vor allem die Opfer, von unserer Gesinnung nur die selbstlose Liebe, von unserem Besitz nur, was wir in den Dienst stellten ... In dem allen aber wird Er auf das Innerste schauen, auf die Triebkräfte und Beweggründe, auf die Ratschläge der Herzen, auf die im Dunkeln verborgenen Geheimnisse der Seele (1 Kor 4, 5; 1 Sam 16, 7; Hebr 4, 13; Ps 139)." (Aus *Erich Sauer,* Der Triumph des Gekreuzigten.)

Wir stehen also vor der Wahl, ob wir es darauf ankommen lassen wollen, daß am Jüngsten Tag vor dem Großen Weißen Thron aus den himmlischen Protokollbüchern unsere Sünden öffentlich vorgelesen und wir dazu verurteilt werden, in den Feuersee geworfen zu werden (Offb 20, 15) — *oder* ob wir uns freiwillig hier schon dem Gericht Gottes stellen wollen, um mitten in unserem Selbstgericht vom lebendigen Gott um des Opfers Jesu willen freigesprochen zu werden.

Heute hat jeder von uns noch Zeit zu diesem Schritt der Umkehr. Doch wir sollten nicht vergessen, daß der Herr sagt: „Siehe, Ich komme *bald* und Mein Lohn mit Mir, um jedem einzelnen so zu vergelten, wie sein Werk gewesen ist! Ich bin das A und O, der Erste und der Letzte, der Ursprung und das Ziel!" (Offb 22, 12).

## b) Der Thron des Lammes

„Siehe, Er kommt mit den Wolken", um nach Abschluß des allgemeinen Weltgerichts den ewigen Heilsratschluß Gottes durch einen neuen Himmel und eine neue Erde zur Vollendung zu bringen.

### Draußen oder drinnen?

„Siehe, Ich mache alles neu!", spricht der Herr (Offb 21, 5). Dieses Wort steht über dem neuen Jerusalem. Dann wird die Wohnung Gottes bei den Menschen sein, und Er selbst, Gott, wird bei ihnen sein, und es wird keinen Tod mehr geben, auch kein Trauern, keine Klage, kein Leid mehr (Offb 21, 3.4). Bei aller Schilderung der Herrlichkeit der Stadt unseres Gottes, wie wir sie in den beiden letzten Kapiteln der Offenbarung finden, wird doch nicht verschwiegen, daß bestimmte Menschen keinen Anteil daran haben werden. Mit großem Ernst heißt es mitten im Bericht vom Glanz des himmlischen Jerusalem: *„Draußen* aber sind die Hunde und die Zauberer und die Unzüchtigen und die Totschläger und die Götzendiener, die Feiglinge und die Treulosen und alle Falschen, jeder, der die Lüge liebt und übt" (Offb 21, 8.27; 22, 3a.15). In die Gottesstadt darf niemand von denen eingehen, die der Wahrheit ausgewichen sind, die dem Geld gedient haben (denn das ist Götzendienst!), die in der Sünde geblieben sind und die zu feige waren, den Namen des Herrn Jesus vor den Menschen offen zu bekennen. Es wird ihnen dann nichts nützen, daß sie Gebete geplappert haben, in einer Gemeindeliste oder einem Kirchenbuch geführt wurden und vielleicht zeitlebens gewohnheitsgemäß Gottesdienste besucht haben. Welch eine ernste Warnung ist dies an alle Unentschiedenen, an alle Namenschristen, die noch nicht mit ihrem alten Leben gebrochen haben! Ohne Heiligung wird niemand den Herrn sehen, niemand in die Stadt Gottes eingehen (Hebr 12, 14; Mt 5, 8; 22, 12).

## Das neue Jerusalem

Vom neuen Jerusalem aber heißt es: „Der Thron Gottes und des Lammes steht darin, und Seine Knechte werden Ihm dienen, und sie werden Sein Angesicht schauen, und Sein Name wird an ihren Stirnen stehen; und Nacht wird es keine mehr geben" (Offb 22, 3 b—5 a).

Wir wollen zunächst die erste von diesen fünf Aussagen ins Auge fassen: „Der Thron des Lammes steht darin."

Damit rechnen freilich viele unsere Zeitgenossen nicht, daß der verachtete Jesus aus Nazareth eine solch einzigartige Stellung einnimmt. Sie können sich nicht vorstellen, daß der Thron des Gekreuzigten den Mittelpunkt des Himmels bildet, und nicht nur des Himmels, sondern den Mittelpunkt des gesamten Weltalls! Seine Herrschaft währt ewig, denn der Vater selbst hat sie Ihm übergeben. „Ich habe Meinen König eingesetzt auf Meinem heiligen Berg Zion", hat Gott gesagt (Ps 2, 6). Wie vergeblich muß da alles widergöttliche Planen der Menschen und Völker sein, wie aussichtslos alles Ratschlagen ihrer Führer gegen unseren Herrn! (Ps 2, 1 f.) Kümmerlich nehmen sich da alle menschlichen Versuche aus, die Herrschaft des Gesalbten Gottes auszuschalten. Des Lammes Thron steht fest in Ewigkeit.

## Der entscheidende Herrschaftswechsel

Von Natur aus hat der Mensch allerdings keinen Raum für den König Jesus. Wir sind alle zu sehr mit uns selbst beschäftigt. Wir haben unsere eigenen Pläne und Ziele, die wir nicht aufgeben wollen. So wird letztlich unser Leben von unserem eigenen Ich bestimmt. Dieses stolze, rechthaberische, eitle, eifersüchtige, dicke Ich bildet — meist unbewußt — bei jedem Menschen von Kindheit an den Mittelpunkt des Lebens. Deshalb steht geschrieben: „Das Dichten und Trachten des menschlichen Herzens ist *böse* von Jugend auf" (Gen 8, 21 c). Von daher kommt der Ehrgeiz, der uns immer wieder verleitet, unser Leben selbstherrlich zu gestalten. Und weil der Mensch gern sein eigener Herr sein möchte, will er nicht, daß dieser Jesus über ihn herrsche (Lk 19, 14). Es geht hier also für jeden einzelnen um ein unerbittliches Entweder-Oder, dem keiner ausweichen kann. Sobald der auferstandene Herr mit Seinem Königsanspruch in unser Leben hereintritt, sehen wir uns vor die Frage gestellt, ob wir Sein Königsrecht anerkennen und Ihm die Herrschaft über unseren Willen einräumen wollen. Es geht demnach um die Frage, ob wir bereit sind, in unserem Leben diesen Herrschaftswechsel eintreten zu lassen oder nicht. Bei manchem Menschen ist es darüber zu einem harten inneren Ringen und zu einem langen Kampf gekommen, bis schließlich der tapfere Entschluß gefaßt wurde, dem hartnäckigen Ich den Abschied und Todesstoß zu geben, damit der Herr Jesus den Platz in der Mitte des Lebens bekommt, der Ihm gebührt.

## Satans Störfeuer

Satan aber bietet alles auf, um uns von diesem Entschluß abzuhalten. Er kann lange zuschauen, wie wir in fromme Versammlungen gehen, uns fromm gebärden, uns an christlichem Betrieb beteiligen und religiöse Schriften lesen. Das macht ihm gar nichts aus, wenn wir nur den Herrschaftswechsel nicht vollziehen. Denn solange wir unser eigenes Regiment weiterführen, steht für ihn noch nichts auf dem Spiel; solange unser Ich — es sei gottlos oder auch fromm — seine Herrschaft behauptet, ist sich Satan seiner Sache sicher, und sein Einfluß auf unser Leben ist nicht gefährdet. Wie viele sogenannte Christen stehen auf diese Weise unter dem Machtbereich des Feindes, der sie mit Recht zu seiner Gefolgschaft zählt! Sobald sich aber ein Mensch überlegt, ob er seine bisherige Selbstherrlichkeit aufgeben soll, um endlich dem Herrn Jesus die Herrschaft in seinem Leben zu übertragen, dann macht Satan mobil, denn dann weiß er, daß es jetzt für ihn um die entscheidende Schanze geht. Er will den Brückenkopf in unserem Leben nicht verlieren, den wir ihm durch das Festhalten am eigenen Willen so lange — oft ohne unser Wissen — eingeräumt haben. Deshalb sucht er auf jede Weise den Herrschaftswechsel bei uns zu verhindern.

## Die verheißene Befreiung tritt ein

Wenn aber Jesus Seinen Thron in unserem Herzen hat aufrichten können, dann beginnt für uns ein verändertes, völlig *neues* Leben. Die königliche Herrschaft Gottes und Seines Gesalbten bringt uns Gerechtigkeit, Frieden und Freude im Heiligen Geist (Röm 14, 17). Wo aber der Geist des Herrn ist, da herrscht Freiheit (2 Kor 3, 17 b), da hat die Sklaverei der Sünde ein Ende (Joh 8, 34.36). Dann wird uns deutlich, warum der Feind uns unbedingt vom Vollzug des Herrschaftswechsels hatte abhalten wollen. Er gönnt uns diese Seligkeit nicht, die der König Jesus ins Leben derer bringt, die Ihn aufnehmen. Und nun erkennen wir auch, wie plump verlogen der Satan arbeitet. Er redet denen, die umkehren wollen, mit frecher Lüge ein, sie kämen zu kurz, wenn sie Jesus nachfolgten. Das Gegenteil ist der Fall: Jesus beschenkt die Seinen so königlich, Er macht ihr Leben so reich, daß sie nur noch darüber traurig sind, es nicht schon früher ganz mit Ihm gewagt zu haben.

Eines ist jedenfalls gewiß: wir werden einmal im Himmlischen Jerusalem *nicht* bei denen sein, die zu den Stufen vor des Lammes Thron ihren Platz haben, wenn wir nicht *hier* schon dem König Jesus Gelegenheit gegeben haben, Seinen Thron in unserem Herzen aufzurichten.

So gilt manchem jetzt das Wort des erhöhten Herrn: „Siehe, Ich stehe vor der Tür und klopfe an; wenn jemand Meine Stimme hören und daraufhin die Tür auftun wird, werde Ich zu ihm hineingehen . . ." (Offb 3, 20). Er will den Thron einnehmen in unserem Herzen; deshalb klopft Er an. Niemand aber weiß, wie lange noch Zeit und Gelegenheit ist, den Herrn Jesus aufzunehmen.

### c) Seine Knechte werden Ihm dienen

„Siehe, Er kommt mit den Wolken", um Gottes vollendete Schöpfung zu bringen. Den Mittelpunkt des Neuen Jerusalem bildet der Thron des Lammes.

### Und wie geht es im Himmel zu?

Wie groß ist doch die Ahnungslosigkeit derer, die vom Himmel so geringschätzig reden, als ob es dort langweilig sei, weil immer nur „Halleluja" gesungen würde! Weit gefehlt! Gewiß ist die himmlische Welt erfüllt von den Lobgesängen der Engel und der Vollendeten. Sie singen das Lied zur Ehre des Lammes, das sich für uns geopfert hat; aber dieser Lobgesang ist nicht das Entscheidende. In der Schilderung des Neuen Jerusalem, die uns der Seher Johannes in der Offenbarung gibt, heißt es eben nicht, daß die Knechte und Mägde des HErrn ständig nur Halleluja singen, sondern da steht etwas ganz anderes: „Seine Knechte werden Ihm d i e n e n !" (Offb 22, 3 c.)

### Noch viele Aufträge sind auszuführen

Der Herr hat für die Seinen in der zukünftigen Welt noch Arbeit. Es sind wichtige Aufträge zu erfüllen, noch ganz bestimmte Dienste auszurichten. O könnten wir sehen, mit welcher Erwartung die Himmlischen immer wieder neu die Aufträge ihres Königs entgegennehmen und mit welcher Freude sie dann hingehen, um sie auszuführen! Es ist für sie das größte Vorrecht, ihrem geliebten Herrn mit ihrer ganzen Kraft dienen zu dürfen! Es ist die Erfüllung ihres himmlischen Daseins, dem König Jesus zur Verfügung zu stehen! Darin gehen sie auf, das ist ihre Seligkeit, das ist die Freude ihres Herzens, daß der Herr Jesus immer wieder Aufträge für sie hat und sie etwas für Ihn tun dürfen. Nichts ist ihnen wichtiger, nichts beglückt sie mehr, nichts beflügelt ihre Seelen so sehr, wie diese Liebe und Herablassung ihres Herrn, mit der Er sie beteiligt an Seinem eigenen Werk. Sie dürfen Ihm helfen bei der Verwirklichung Seiner ewigen Ziele. Er betraut sie mit heiligen Aufträgen in den kommenden Zeitaltern. Für alle Bewohner der Stadt des lebendigen Gottes gibt es keine größere Ehre als die, vom König selbst Dienstaufträge zu empfangen und sie ausführen zu dürfen. So ist das Leben im himmlischen Jerusalem mit heiliger Bewegung erfüllt und gekennzeichnet von dem freudigen Gehorsam der Vollendeten, von ihrer steten Dienstbereitschaft und ihrem hingebenden Einsatz für die Sache ihres königlichen Herrn.

## Unsere Berufung fürs Erdenleben

Aber nicht nur im Himmel, sondern auch auf der Erde gibt es Menschen, von denen gesagt werden kann: Sie dienen I h m als Seine Knechte und Mägde. Damit ist freilich nicht die große Zahl derer gemeint, die sich zwar Christen nennen, denen aber dieser Dienst eine *Last* ist, unter der sie seufzen, ein drückendes Joch, das sie freudlos tragen. Nein, sie sind nicht gemeint! Es handelt sich vielmehr um diejenigen, die dem König des Himmels schon von der Erde aus in jener Gesinnung dienen, wie wir sie an den Himmlischen gesehen haben. Tatsächlich hat der Herr Jesus schon auf Erden eine große Schar von Nachfolgern, die Ihm in jener heiligen *Freude* dienen, die den Dienst der Vollendeten im Himmel kennzeichnet. Und das sind diejenigen, die es erfaßt haben, was für eine Gnade es für uns staubgeborene Geschöpfe ist, daß wir schon auf der Erde dem König des Himmels dienen *dürfen*. Denn der Herr ist ja auf uns und unseren Dienst durchaus nicht angewiesen; Er hat Engel genug zur Verfügung, um durch sie auf Erden Seine Befehle ausführen zu lassen. Und doch gebraucht Er uns in Seiner großen Barmherzigkeit. Dort, wo es sich darum handelt, unter den Menschen auf Erden die Liebe des Vaters kundzumachen und die einzelnen für den Himmel zu gewinnen, sie einzuladen und hinzuführen zum Heil, zur engen Pforte und auf den schmalen Weg, — da bedient sich der Herr nicht so sehr der Engel als vielmehr der geretteten Sünder, so weit sie Ihm mit ihrem Leben zur Verfügung stehen. Der Herr stellt also diejenigen in Seinen Dienst, die sich selbst auf den Weg der Nachfolge haben rufen lassen und Sein Eigentum geworden sind. Es ist Seine große Herablassung, daß Er so schwache und geringe Geschöpfe, wie wir es sind, überhaupt mit Seinen Aufträgen betrauen will.

## „Gottes Mitarbeiter sind wir"

„Gottes Mitarbeiter" (1 Kor 3, 9 a) sollen wir sein bei der Erreichung des großen Zieles, das Er im Auge hat: eine verlorene, verirrte, von Satan geknechtete Welt zurückzuführen und heimzubringen ans Herz des Vaters. Sein Liebeswille ist es ja, „daß alle Menschen sich retten lassen und zur Erkenntnis der Wahrheit kommen" (1 Tim 2, 4; 2 Petr 3, 9 c). Was für ein Vertrauen bringt uns der Herr doch entgegen, indem Er uns mit einem solch wichtigen und heiligen Dienst an bluterkauften Seelen betraut! Dabei soll aber niemand denken, daß es sich nur um den Dienst der Pastoren, Prediger und Missionare, der Diakone und Diakonissen und der sonstigen hauptamtlichen Mitarbeiter der Kirche handelt! Nein, *alle* Erlösten, wo immer sie auch beruflich stehen mögen, will der Herr in Seinen Dienst nehmen. Möge Er deshalb uns allen die Augen dafür öffnen, wie groß die Berufung ist, die wir empfangen haben! Je deutlicher uns die Größe unserer Berufung zum Bewußtsein kommt, desto freudiger werden wir bereit sein, dieser Berufung zu leben und dem Herrn an unserem Platz zu dienen. Für jeden einzelnen von uns hat Er bestimmte Dienste und persönliche Aufträge. Und erst da beginnt überhaupt die wahre Erfüllung unseres Lebens, wo wir uns Ihm zur Verfügung stellen für die Aufgaben, die Er uns zugedacht hat. Groß ist unsere Berufung, aber groß ist auch unsere Verantwortung. Denn wenn der Herr ein solches Vertrauen in uns setzt, dann wollen wir Ihn auch nicht enttäuschen, sondern von Herzen gerne für Ihn auch da sein. Stehen wir in der rechten Liebe zu Ihm, dann wird es die Freude unseres Lebens sein, Ihm dienen zu dürfen. Diese Freude klingt heraus aus jenem Lied von Hedwig von Redern (1866 bis 1935), in dem es heißt:

„Dir zur Verfügung, mein Gott und mein Herr!
Dir zur Verfügung je länger, je mehr,
Dir zur Verfügung in Freud und in Leid,
täglich und stündlich für Jesus bereit!
Dir zur Verfügung — einst war es nicht so;
aber nun bin ich so selig, so froh,
Du brachest Bann mir und Ketten entzwei,
auf daß ich völlig Dein Eigentum sei.
Dir zur Verfügung, o seliges Los,
sei nun mein Tagewerk klein oder groß,
draußen und drinnen, im Schaffen und Ruhn
immer nur fragen: „Was würd' Jesus tun?"
Dir zur Verfügung, es bleibe dabei!
Das ist ein Stand, der macht selig und frei;
das schafft ein sieghaft und friedevoll Gehn,
Jesus, Dir ganz zur Verfügung zu stehn!"

Eines ist jedenfalls sicher: Wir werden einmal im himmlischen Jerusalem nicht bei denen sein, die dem Lamm auf dem Thron dienen, wenn wir Ihm nicht hier schon auf Erden *mit Freuden* gedient haben. Schon der Psalmist hat gesagt: „Dienet dem Herrn mit Freuden!" (Ps 100, 2) — und dabei hat dieser alttestamentliche Sänger unseren Herrn *Jesus* noch nicht gekannt! Wieviel mehr gilt *uns* diese Aufforderung! Haben wir doch auf diese Weise Gelegenheit, unserem Herrn wenigstens einen Bruchteil des Dankes abzustatten, den wir Ihm schulden für Seine erbarmende Liebe und Sein Opfer am Kreuz. Wahrhaftig: Er ist es wert, daß man Ihn ehrt und sich in Seinem Dienst verzehrt — aus Dank und Liebe, mit Freuden!

## d) Sie werden Sein Angesicht schauen

„Siehe, Er kommt mit den Wolken", um Gottes ewigen Heilsplan mit Seiner Menschheit aufs herrlichste hinauszuführen, bis Gott selbst alles in allem sein wird. Das ist erreicht im himmlischen Jerusalem.

Was aber wird das erste sein, was die Neuankömmlinge in der Stadt Gottes tun werden? — Sicher dies: Sie fallen nieder und beten an. Denn bei ihrem Eintreffen

*werden sie Sein Angesicht schauen.*

Es ist das Angesicht Dessen, den sie schon hier auf Erden geliebt haben, ohne Ihn zu sehen (1 Petr 1, 8). Niemand aber wird ihnen droben erklären müssen, um wen es sich handelt. Denn die Liebe, die ihnen aus Seinen Augen entgegenstrahlt, ist einmalig und unverkennbar. Angesichts dieser Liebe, die sich in *Jesus* offenbart, gibt es nur eines: niederfallen und anbeten. So geht es allen Bewohnern der himmlischen Welt, von den höchsten Engelfürsten angefangen bis hin zu den vierundzwanzig Ältesten und der gesamten Gemeinde der Erstgeborenen, der vollendeten Gerechten: sie alle fallen nieder und beten an (Offb 4, 10; 5, 11—14). Denn Ihm allein, der auf dem Thron sitzt, und dem Lamm, das sich geopfert hat, gebührt die Kraft und die Verherrlichung und der Lobpreis (Offb 5, 12.13). Auf dieses Schauen **Seines Angesichtes** hat sich schon David gefreut, wenn er sagt: „Ich aber werde gerechtfertigt Dein Angesicht schauen, werde mich, wenn ich erwache, satt sehen an Deinem Anblick!" (Ps 17, 15).

# Sein Angesicht leuchtet auch uns

Wenn wir vom Schauen Seines Angesichtes sprechen, dann können und müssen wir hinzufügen: das geschieht nicht erst im Himmel. Der Herr Jesus will uns hier schon auf Erden Sein Angesicht leuchten lassen. Wenn es am Schluß unserer Gottesdienste heißt: „Der Herr segne dich und behüte dich; der Herr lasse Sein Angesicht leuchten über dir...", so ist das nicht nur eine schön klingende fromme Formel, sondern es vollzieht sich dann tatsächlich ein göttliches Geschehen. So hatte der Herr schon im Alten Bund verheißen: „Wenn die Priester so Meinen Namen auf die Israeliten legen, will Ich sie segnen!" (Num/4 Mose 6, 27). Demnach können wir damit rechnen, daß der Herr uns wirklich Sein Angesicht leuchten läßt, damit wir es *schauen* können — zwar nicht mit unseren leiblichen Augen, wohl aber mit den „erleuchteten Augen des Herzens" (Eph 1, 18 a). Zunächst sind wir zwar alle innerlich blind, weil der Gott dieser Weltzeit, nämlich der Teufel, sie verblendet hat, damit wir den strahlenden Glanz *nicht* schauen, der ausgeht von der frohen Botschaft der Herrlichkeit des Messias, der für uns die Vergegenwärtigung des unsichtbaren Gottes ist (2 Kor 4, 4; Kol 1, 15 a). Werden uns aber durch den Geist der Weisheit und Offenbarung die Augen des Herzens geöffnet, dann fällt unser Blick auf J e s u s , den auferstandenen und gegenwärtigen HErrn. Wir schauen Sein Angesicht, und es erfüllt sich, was Paulus den Korinthern geschrieben hat: „Derselbe Gott, der einst gesagt hat: ‚Aus der Finsternis strahle das Licht hervor!', der ist es auch, der das Licht in unseren Herzen hat aufstrahlen lassen, damit (durch uns auch anderen) leuchte die Erkenntnis der Herrlichkeit Gottes im *Angesicht* Jesu Christi" (2 Kor 4, 6).

## Plötzlich sehend geworden

Nie in meinem Leben werde ich den Augenblick vergessen, in dem mir der Auferstandene zum ersten Mal begegnete. Ich war damals zwanzig Jahre alt und studierte

Rechtswissenschaft. Viel hatte ich bis dahin schon von Jesus gehört und aus Seinem Wort gelernt, aber ich kannte Ihn noch nicht persönlich. Da sind wir während der Verkündigung des Evangeliums plötzlich die Schuppen von den Augen gefallen, und — ich schaute Sein Angesicht. Es war keine Vision oder etwas derartiges, sondern es waren mir ganz einfach die Augen des Herzens aufgegangen. In aller Nüchternheit sah ich zum ersten Mal, was Jesus am Kreuz *für mich* vollbracht hat. Ich weiß nicht mehr, wer damals auf der Kanzel stand und um was für einen Text es ging, aber eins weiß ich: bis dahin war ich blind gewesen, und nun sah ich Ihn.

## Es geht nicht ohne persönliche Offenbarung!

Es muß nicht immer so plötzlich geschehen. Gott hat viele Mittel und Wege, um den einzelnen Menschen Seinen Sohn zu offenbaren (Gal 1, 16 a), aber auf irgendeine Weise *muß* uns die Offenbarung zuteil geworden und das innere Auge aufgegangen sein, sonst fehlt uns das Entscheidende. Es genügt nicht, daß wir von Jesus nur eine Kenntnis aus zweiter Hand besitzen; es reicht nicht aus, daß wir von Ihm nur das wissen, was andere uns von Ihm gesagt oder was wir über Ihn in Büchern gelesen haben. Wir müssen Ihn als den gegenwärtigen Herrn persönlich kennengelernt, wir müssen mit erleuchteten Augen des Herzens Sein Angesicht geschaut haben. Ein jeder prüfe sich selbst, ob dies in seinem Leben geschehen ist. Wenn nicht, dann sollten wir es uns von ganzem Herzen erbitten. Dabei können wir der Erhörung gewiß sein. Hat doch der Herr ausdrücklich verheißen: „Wenn ihr Mich von ganzem Herzen suchen werdet, will Ich Mich von euch finden lassen!" (Jer 29, 13). Man kann aber als Mensch auf der Erde den unsichtbaren und unnahbaren Gott, der in einem unerreichbaren Lichte wohnt, nicht anders finden als so, daß Er sich uns in Jesus, Seinem Sohn, persönlich offenbart.

Wer aber Sein Angesicht schaut, dem wird es so gehen, wie wir es von den Himmlischen festgestellt haben: er wird niederfallen und anbeten. Denn wer den Herrn Jesus erblickt, der sieht den Vater, der uns so sehr geliebt hat, daß Er Seinen Sohn, den Einziggeborenen, für uns alle dahingab. Wie sollte Er uns mit Ihm nicht alles schenken?! Gleichzeitig werden wir erfahren: Läßt Er uns Sein Angesicht leuchten, so *genesen* wir (Ps 80, 4). Dann ist uns geholfen. Dann sind wir gerettet und geborgen. Dann haben wir nichts mehr zu fürchten. Dann wird uns auch immer wieder neu Stärkung und Erquickung zuteil werden vom Angesicht des Herrn. Und es wird hinfort unser einziges Anliegen sein, so vor Seinen Augen und im Bewußtsein Seiner Gegenwart zu leben, daß Er nie Sein Angesicht vor uns verbergen muß; denn das wäre schrecklich (Ps 44, 25; 104, 9). Wohl denen, die immer wieder Sein Angesicht suchen und die Er leiten kann mit Seinen Augen! (Ps 32, 8).

Völlig klar aber müssen wir uns darüber sein, daß wir einmal im himmlischen Jerusalem nicht bei denen sind, die Sein Angesicht schauen werden, wenn es uns nicht schon hier auf Erden geleuchtet hat. So laßt uns den Herrn suchen, solange Er noch zu finden ist! (Jes 55, 6.)

### e) Sein Name wird an ihren Stirnen stehen

„Siehe, Er kommt mit den Wolken", auf daß sich schließlich alles in Herrlichkeit erfülle, was der Herr durch den Mund Seiner Propheten und Apostel für die Vollendung Seiner Heilsgedanken vorausgesagt hat. Danach schaut Seine Gemeinde mit Sehnsucht aus, denn es steht ja geschrieben: „Es währt nur noch eine kleine, kurze Zeit, dann wird Der kommen, der kommen soll, und nicht auf sich warten lassen" (Hebr 10, 37). Dann gilt: *„Sein Name wird an ihren Stirnen stehen."*

## Die Mannigfaltigkeit der Schöpfung

Es hat schon manchen die Frage bewegt, ob es wohl im Himmel ein Wiedererkennen geben wird. Ganz bestimmt! Das sehen wir an jener Begegnung, zu der es auf dem Berg der Verklärung kam. Als dort die beiden Vertreter des Alten Bundes erschienen, um mit dem Herrn über Seinen Lebensausgang zu sprechen, den Er in Jerusalem vollenden sollte, da wußten die anwesenden Apostel sofort, daß sie den Propheten Mose und Elia gegenüberstanden (vgl. Lk 9, 28—33!). So werden sich auch die vollendeten Gerechten in der Herrlichkeit gegenseitig erkennen und einander beim Namen nennen können. So wie schon auf Erden jeder Mensch sein bestimmtes, nur ihm eigenes Wesen hat, an dem man ihn erkennt, so wird das erst recht im Himmel der Fall sein. In der Schöpfung unseres Gottes herrscht ja eine wunderbare Mannigfaltigkeit, eine unendliche Vielgestaltigkeit, ein Reichtum der Formen, Farben und Arten, der Bewegungen und Klänge, der Tätigkeiten und Aufgaben, daß wir diesen Reichtum mit unserem menschlichen Begriffsvermögen nur von ferne ahnen können. Das gilt von der Pflanzenwelt wie von der Tierwelt, vollends aber von der Krone der Schöpfung, dem Menschen. Nicht ein einziger ist dem anderen gleich; und wenn sich auch einmal zwei Menschen zum Verwechseln ähnlich sehen, so ist doch selbst in diesem Fall jeder eine eigene Persönlichkeit und hat sein eigenes Gepräge. Ist dies aber schon in der vergänglichen Schöpfung auf Erden so, wieviel mehr wird es in der unvergänglichen ewigen Welt so sein! Wieviel herrlicher wird die Vielgestaltigkeit der Geschöpfe Gottes im Himmel in Erscheinung treten! Ist schon hier unten jeder einzelne Mensch in seiner Art ein Original seines Schöpfers, dann wird er erst recht in der himmlischen Welt unverwechselbar sein. Keiner ist dem anderen gleich, jeder ist eine Persönlichkeit für sich.

So mannigfaltig sich aber die himmlische Gemeinde auch darstellt in der unendlichen Vielzahl ihrer einzelnen Glieder aus allen Völkern und Rassen, aus allen Konfessionen und aus allen Jahrhunderten, so werden sie doch in *einer*

Hinsicht sich alle gleich sein: Der Name JESUS wird an ihren Stirnen stehen.

## Bewundert in Seinen Heiligen

Wer auch immer im Himmel sein Bürgerrecht haben mag, — es wird von seiner Stirn, es wird aus seinem ganzen Wesen heraus nur JESUS leuchten. Das heißt aber: man wird im Himmel überhaupt keinen von den Vollendeten anschauen können, ohne über jedem einzelnen und ihrer Gesamtheit den Namen des Herrn Jesus preisen zu müssen. Denn es handelt sich ja bei ihnen allen, die jetzt Ihm gleich sind und Ihn so sehen, wie Er ist (1 Joh 3, 2 b), um ehemalige *Sünder*. Sie lebten einst in der Finsternis und waren verloren. Der Vater hat sie erst aus der Nacht ihrer Gottesferne herausgerufen, aus dem Machtbereich Satans herausgerettet und versetzt unter die königliche Herrschaft des Sohnes Seiner Liebe (Kol 1, 13). Welches Wunder der Kraft Seines Blutes ist an ihnen geschehen, daß sie gereinigt und gelöst worden sind von aller Sünde! (1 Joh 1, 7.9.) Was für ein Wunder des Heiligen Geistes hat sich an ihnen vollzogen, daß sie aus dem Schandbild des alten Adam, das sie getragen hatten, umgestaltet worden sind in das Ebenbild des Sohnes Gottes, auf daß Er der Erstgeborene sei unter vielen Brüdern! (Röm 8, 29.) Wieviel Treue hat der Herr an sie gewandt, um sie durch alle Versuchungen und Gefahren ihres Erdenlebens hindurchzutragen, sie im Feuer der Anfechtung und Bedrängnis zu bewahren und sie allen Angriffen des Feindes zum Trotz schließlich an das himmlische Ziel zu bringen! So wird der Herr Jesus, wie geschrieben steht, „herrlich erscheinen in Seinen Heiligen und bewundert werden in allen denen, die sich Ihm anvertraut haben" (2 Thess 1, 10). Bis in alle Ewigkeit wird der Herr bestaunt werden in dem, was Er an Seinen Heiligen vollbracht und was Er aus ihnen gemacht hat, so daß „der Name unseres Herrn JESUS in ihnen verherrlicht wird" (2 Thess 1, 12 a).

Wie wird Dein Name da werden gepriesen,
wo Du, o Held, Dich so mächtig erwiesen!

## Die Versiegelung muß hier schon erfolgen

Aber dies alles geschieht nicht erst im Himmel, sondern schon auf der Erde. Wollen wir den Namen JESUS im neuen Jerusalem an unserer Stirne tragen, dann müssen wir ihn hier schon empfangen haben. Wir müssen jetzt schon an der Stirne versiegelt werden mit dem Geist des lebendigen Gottes (Eph 1, 13; 4, 30; Offb 7, 3; 14, 1 b). Wohl können die Menschen jetzt den Namen *Jesus* an den Stirnen der Versiegelten noch nicht so ablesen, wie das im Himmel offenbar möglich ist. Die Engel aber und auch die Dämonen sehen jetzt schon, ob diejenigen, die sich Christen nennen, nur den Schein eines gottseligen Wesens an sich tragen, nur die äußere Form der Frömmigkeit besitzen, aber die Kraft echter Gottesfurcht verleugnen (2 Tim 3, 5), oder ob sie mit dem Namen „Jesus" tatsächlich gezeichnet sind. Das wird uns deutlich an einer Begebenheit in Ephesus, von der uns Lukas in der Apostelgeschichte (19, 13—16) berichtet: Dort versuchten die sieben Söhne des Hohenpriesters Skeuas ohne Vollmacht, sich auf den Namen des Herrn Jesus, „den Paulus als Herold verkündigt", zu berufen, um Dämonen auszutreiben. Der böse Geist aber, dem sie entgegengetreten waren, sah sofort, daß diese anmaßenden Männer den heiligen Namen, den sie im Munde führten, nicht an ihren Stirnen hatten, und konnte ihnen deshalb höhnisch zurufen: „Jesus kenne ich wohl, und auch über Paulus weiß ich Bescheid; ihr aber, wer seid ihr denn eigentlich?!" So ist es den Geistern in der unsichtbaren Welt wohl bewußt, wie es um uns bestellt ist, die wir den Namen unseres Herrn im Munde führen; sie wissen genau, ob wir dazu ein Recht haben oder nicht.

## Der eindeutige Rückschluß

Im übrigen bleibt es doch auch unter den Menschen nicht ganz verborgen, ob wir den Namen „Jesus" empfangen haben und versiegelt sind oder nicht. Denn die Versiegelten erfahren durch den Heiligen Geist hier schon eine solche Umwandlung und Erneuerung ihres Lebens, JESUS durchdringt ihr Wesen ganz und gar und heiligt sie bis in ihre Gedankenwelt hinein, daß es ihre Umgebung unbedingt merken muß. „Es kann ja eine Stadt, die auf einem Berge liegt, nicht verborgen bleiben" (Mt 5, 14 b). Ausdrücklich sagt der Herr Seinen Jüngern: „So laßt euer Licht leuchten vor den Menschen, daß sie eure guten Werke sehen und euren Vater in den Himmeln preisen!" (Mt 5, 16.) Nach diesem Wort des Herrn wird das erneuerte Leben Seiner Heiligen den anderen so in die Augen fallen, daß sie stehenbleiben und erstaunt sich fragen müssen: Was ist hier geschehen? Die Antwort ist eindeutig: Um menschliche Leistungen, menschlichen Edelmut, menschliche Charakterstärke, menschliches Verdienst kann es sich nicht handeln. Das geheiligte Leben der Jünger trägt so deutlich göttliches Gepräge, so unverkennbar die Art Jesu, daß denen, die es sehen, nur ein einziger Rückschluß übrigbleibt: hier muß der lebendige Gott selbst am Werk sein. So werden sie den Vater in den Himmeln preisen um dessentwillen, was der Herr Jesus an ihnen getan hat.

Es geschieht also schon auf Erden das gleiche, was wir im Blick auf den Himmel festgestellt haben. Die Erlösten strahlen so deutlich das Wesen ihres Herrn aus, Seine Kraft, Seinen Frieden, Seine Liebe, Seine Freude, ja *Sein Leben,* daß aufrichtige Beobachter nicht anders können, als darüber den Namen Dessen zu preisen, der solches Wunder der Verwandlung vollbracht hat. So wird es im Himmel sein; so kann und muß es hier schon sein.

Haben wir aber den Namen des Herrn *Jesus* hier schon durch die Versiegelung des Heiligen Geistes empfangen, dann werden wir ihn auch einmal im neuen Jerusalem an der Stirne tragen. Deshalb gilt uns der Ruf: „Laßt euch erfüllen mit dem Geist!" (Eph 5, 18 b.) Laßt euch versiegeln mit dem Geist, laßt euch vollenden durch den Geist für den Tag, von dem der Herr sagt: „Siehe, Ich komme bald und Mein Lohn mit Mir!"

### f) Nacht wird es keine mehr geben

„Siehe, Er kommt in den Wolken", der Gesalbte des Herrn, der von sich sagt: „Ich bin das Alpha und das Omega, der Erste und der Letzte, der Ursprung und die Vollendung." (Offb 22, 13). Schon bei Jesaja steht die Zusage: „Der Herr wird dein ewiges Licht sein" (Jes 60, 19 f.). In vollendeter Weise wird sich dieses Wort im neuen Jerusalem erfüllen, wie es Johannes sieht: Der Thron des Lammes wird darin stehen, und Seine Knechte werden Ihm dienen, und sie werden Sein Angesicht schauen, und Sein Name wird an ihren Stirnen stehen, und —

*Nacht wird es keine mehr geben.*

Warum wird es in der Stadt Gottes keine Nacht mehr geben? Etwa, weil dann die Sonne immer scheint? O nein, es wird dort keine Sonne und kein Mond mehr nötig sein und erst recht keine künstliche Beleuchtung (Offb 21, 23; 22, 5). Statt dessen ist eine andere Lichtquelle da: die Herrlichkeit Gottes, wie sie vom Angesicht des Lammes ausstrahlt. Der Lichtglanz, der vom Angesicht unseres Herrn Jesus ausgeht, strahlt so hell, daß dadurch alle Stufen und Sphären und Regionen der himmlischen Welt bis in alle Ewigkeit taghell erleuchtet sein werden. Darum heißt es in der Schrift kurz und bündig: „Ihre Leuchte ist das Lamm" (Offb 21, 23 c).

### Es scheiden sich die Geister

Was im Himmel für die Vollendeten sichtbar wird, ist uns, die wir noch auf Erden leben, auch schon zugedacht, nur vorerst im Verborgen. Jesus hat verheißen: „Ich bin das Licht *der Welt*" — also nicht erst des Himmels. Er will das Licht auch *unseres* Lebens werden. Nicht allen ist das Licht willkommen. So scheiden sich an Jesus die Geister, wie schon der greise Simeon von Ihm gesagt hat: „Siehe, dieser ist dazu bestimmt, viele in Israel zu Fall zu bringen, aber auch viele aufzurichten; Er wird ein Zeichen sein, das Widerspruch erregt, so daß aus vielen Herzen die

Gedanken offenbar werden" (Lk 2, 34 f.). Genau das ist gemeint mit den Worten: „Jeder nämlich, der Böses tut, haßt das Licht und wird nicht auf das Licht zukommen, damit ja nicht seine Werke entlarvt würden; wer aber die Wahrheit tut, der kommt auf das Licht zu . . ." (Joh 3, 20.21). Die aufrichtigen Herzen werden also das Licht dankbar und freudig aufnehmen; dabei werden sie die Kraft des Wortes Jesu erfahren: „Wer Mir nachfolgt, wird keinesfalls in der Finsternis wandeln, sondern wird das Licht des Lebens haben" (Joh 8, 12). So wird es für sie schon hier auf Erden keine Nacht mehr geben.

## Und das Dunkel der Zukunft?

Nicht, als ob sie keine dunkle Wegstrecke mehr zu gehen hätten. Ganz im Gegenteil: Je entschlossener sie in den Fußstapfen Dessen gehen, der auf Erden der Allerverachtet-ste gewesen ist, desto sicherer wird auch sie von Seiten der Welt Verachtung, Ablehnung, Haß und Verfolgung treffen. Das hat der Herr den Seinen klar und deutlich vorausge-sagt: „Ein Knecht steht nicht höher als sein Herr. Haben sie Mich verfolgt, dann werden sie auch euch verfolgen; haben sie Mein Wort belauert, dann werden sie auch das eure belauern" (Joh 15, 20). So müssen sie durch viel Drang-sal in die Königsherrschaft Gottes eingehen. Je näher die mitternächtliche Stunde heranrückt, desto dunkler wird der Weg der Gemeinde des Gekreuzigten auf Erden werden. Und doch gilt ihr die Verheißung: Nacht wird es keine mehr für sie geben. Denn so dunkel sich ihr Weg auch ge-stalten mag: — „siehe, Ich bin bei euch alle Tage bis zur Vollendung des Zeitalters" hat der Herr Seinen Jüngern zugesagt. Und wo Er bei ihnen ist, da leuchtet ihnen auch Sein Angesicht und macht ihren dunklen Weg hell. Ja, wir können sogar sagen: je dunkler es um sie her wer-den wird durch alle Bedrängnis, die ihnen widerfährt, desto heller wird ihnen das Angesicht ihres Herrn leuchten. Das ist schon mit jedem irdischen Licht so: schaltet man eine Lampe bei Tag ein, so merkt man kaum etwas von ihrem

Licht. Je dunkler es aber draußen wird, desto deutlicher kommt uns die Lampe zum Bewußtsein, desto stärker wirkt sich ihre Leuchtkraft aus. So wird es auch den Jüngern in den Verfolgungszeiten gehen: mag es noch so dunkel um sie her werden — sie haben nichts zu fürchten, denn immer und überall wird ihr guter Hirte bei ihnen sein, und Sein Angesicht wird ihnen voranleuchten. Bereits der alttestamentliche Prophet konnte sagen: „So ich im Finstern sitze, ist) doch der Herr mein Licht" (Mich 7, 8). Um wieviel gewisser und freudiger dürfen wir es bekennen und damit rechnen, daß der Herr Jesus uns mitten in der Finsternis das Licht Seines Angesichts leuchten läßt!

## Der helle Morgenstern

Diese Erfahrung wird uns in dem Maße zuteil werden, wie das Lamm tatsächlich unsere Leuchte geworden ist, unser alleiniges Licht, unser Ein und Alles. Wie viele Christen aber gibt es, die ihr Herz teilen: sie kennen den HErrn, sie wollen Ihm auch gehören, und doch lassen sie sich noch locken und beeindrucken durch all den Scheinglanz, den die vergängliche Welt in ihr Leben hineinbringt! Ist jedoch erst einmal der helle Morgenstern in unseren Herzen aufgegangen (Offb 22, 16 c; 2 Petr 1, 19), ist unserem Leben in Jesus die wahre Sonne erschienen, wird es uns denn dann nicht so gehen, wie einem Bewunderer der Sternenwelt am Morgen nach einer klaren Nacht? Während der Nacht hatte er die Pracht der Sternenwelt auf sich wirken lassen und sie bestaunt; er war ganz hingenommen von ihrem Glanz und ihrer Herrlichkeit. Schließlich aber kam der Morgen, und die aufgehende Sonne führte einen neuen Tag herauf. Auf einmal bewunderte er die Sterne nicht mehr. Warum nicht? Waren sie jetzt etwa nicht mehr vorhanden? O doch, sie waren alle noch da! Aber — man s a h sie nicht mehr, weil der Glanz der Sonne ihr Licht tausendfach überstrahlte.

## Durch Jesus ernüchtert

Und wie ist es in unserem geistlichen Leben? Solange Jesus noch nicht in unseren Gesichtskreis hereingetreten ist, kennen wir das eigentliche Licht der Welt noch nicht. Wir haben deshalb auch noch kein Unterscheidungsvermögen und noch keinen Maßstab, um das wahre Licht vom Truglicht zu unterscheiden. Es geht uns wie den Vögeln, die auf dem Meer bei Nacht vom Scheinwerferlicht des Leuchtturms am Strand geblendet und angezogen werden und immer näher auf den für sie verhängnisvollen Scheinwerfer zufliegen, bis sie schließlich in ihrer Ahnungslosigkeit an den Scheiben jämmerlich zerschellen. So ist schon mancher Mensch den Trug- und Blendlichtern der Welt so lange nachgejagt, bis er daran zugrunde ging. Glückselig aber diejenigen, die auf ihrem Lebensweg in Jesus das „wahrhaftige Licht" (Joh 1, 9) gefunden haben und für die dann wirklich in Seinem Licht alle bisherigen trügerischen Lichter für immer untergegangen sind! Wer nämlich Jesus als dem wahren Licht begegnet ist, der braucht nicht länger nach dem verführerischen Glanz der Welt zu schielen oder gar ihm nachzujagen, ist vielmehr heilsam ernüchtert und wird immer wieder, so oft dieser trügerische Glanz der Vergänglichkeit ihn von neuem blenden will, von ihm w e g blicken auf JESUS, „den Bahnbrecher und Vollender des Glaubens" (Hebr 12, 2 a).

So kommt denn und „laßt uns wandeln im Licht des Herrn"! (Jes 2, 5.) Wollen wir einmal in der himmlischen Welt zu denen gehören, für die es keine Nacht mehr geben wird, weil das Lamm auf ewig ihre Leuchte ist, dann muß der Herr Jesus hier schon auf Erden für uns das wahrhaftige Licht, unser alleiniges Licht, unser A und O geworden sein. Dann wird sich an uns in der zukünftigen Welt erfüllen, was schon Jesaja prophetisch gesagt hat: „Nicht mehr wird dir künftig am Tage die Sonne als Leuchte dienen, noch bei Nacht der Mond dir zur Erhellung scheinen; nein, der Herr wird dein ewiges Licht sein" (60, 19).

# 6. Heilige Gewißheit

„Siehe, Er kommt mit den Wolken" — diese Tatsache gibt uns die Gewißheit, die wir so nötig brauchen.

### Friede und Sicherheit?

Wir leben in einer Zeit der allgemeinen Unsicherheit, Ratlosigkeit und Angst. Vor dem Ersten Weltkrieg war das noch anders. Da waren die Verhältnisse gefestigter und geordneter. Da konnten sich die Menschen noch einbilden, ihre Zukunft sei gesichert, wenn sie entsprechenden Grundbesitz oder hinreichend Geld auf der Bank hatten. Inzwischen aber hat Gott uns durch zwei Weltkriege und deren Folgen diese Sicherheit zerschlagen. Gott hat uns deutlich vor Augen geführt, daß weder Häuser und Grundstücke noch Barvermögen unser Leben für die Zukunft zu sichern imstande sind. Alles ist vergänglich. Alle irdischen Werte können uns über Nacht unter den Händen zerrinnen. Betrogen sind wir, wenn wir uns auf unseren Besitz verlassen. Toren sind wir, wenn wir uns auf unsere Gesundheit verlassen. Blind müßten wir sein, wenn wir von den Verhandlungen der Staatsmänner für die Welt „Friede und Sicherheit" erwarteten. Davor warnt bereits der Apostel Paulus, wenn er schreibt: „Ihr wißt ja genau, daß der Tag des Herrn wie ein Dieb in der Nacht kommen wird. Gerade wenn die Leute sagen: ‚Friede und Sicherheit!', — dann wird sie das Verderben so plötzlich überfallen wie die Wehen eine schwangere Frau, und es wird keinesfalls ein Entrinnen für sie geben!" (1 Thess 5, 2.3).

Wer heute wachsam die Zeitereignisse verfolgt und einigermaßen nüchtern die Weltlage beurteilt, der wird sich keinen falschen Hoffnungen hingeben, als würden wir ruhigen und friedlichen Zeiten entgegengehen. Es ist heute für jeden Einsichtigen erkennbar, daß die Menschheit wie auf einem Vulkan lebt, von dem man nicht weiß, wann er ausbricht. Ein dritter Weltkrieg ist nicht nur ein Gespenst, das einige Schwarzseher vor uns an die Wand malen, sondern eine ernsthaft drohende Möglichkeit, die jeden Augenblick zur Wirklichkeit werden kann. Was bei den ständig „verbesserten" atomaren Waffen ein neuer Krieg für die Menschheit bedeuten kann, daß weiß jedes Kind. Mit einem Wort: Nichts ist unsicherer als die Zukunft!

## Furcht — oder Vorfreude?

Das aber ist die *Endzeit*, von der Jesus prophetisch zu Seinen Jüngern gesagt hat: „... und auf der Erde wird Verzweiflung der Völker in ratloser Angst ... herrschen, indem die Menschen erstarren, ja den Geist aufgeben vor Furcht und in banger Erwartung dessen, was über den Erdkreis hereinbrechen wird" (Lk 21, 25b.26a). Inmitten eines von der Furcht vor den kommenden Gerichten gequälten Geschlechtes aber ruft der Herr Jesus die „kleine Herde" Seiner Erlösten zur Freude auf mit dem vollmächtigen Wort: „Wenn aber dies anfängt zu geschehen, dann richtet euch auf und hebt eure Häupter empor, denn (für euch) naht die (endgültige) Befreiung!" (Lk 21, 28). Sie brauchen nicht zu grübeln und sich nicht abzuquälen mit der bangen Frage, w a s wohl kommen werde über die Erde, denn sie wissen mit Bestimmtheit, w e r auf jeden Fall kommen wird, nämlich JESUS, der Gesalbte Gottes, i h r Herr und König. Die jetzigen Herren werden früher oder später alle abtreten müssen, aber unser Herr kommt! Es naht der Tag, von dem es heißt: „Übergegangen ist die Herrschaft der Welt an unseren Herrn und Seinen Gesalbten, und Er — Er allein! — wird als König regieren in alle Ewigkeit" (Offb 11, 15).

Jedenfalls gilt das bekannte Bild, der Tag des Herrn werde kommen wie ein D i e b in der Nacht (Mt 24, 43; 1 Thess 5, 2), keineswegs für die Brautgemeinde, sondern ausschließlich für die Welt, die gottlose wie die fromme Welt, d. h. für diejenigen, die *nicht bereit* sind für diesen Tag. Denn was will der Vergleich mit dem Dieb in der Nacht besagen? So unerwartet und unerwünscht ein Dieb in ein Haus einbricht, wird der Tag des Herrn — und mit ihm das Verderben — hereinbrechen über alle Schlafenden, die sich in Sicherheit wiegen. Ganz anders aber steht es um diejenigen, die ihren Herrn Jesus wirklich lieben: für sie ist Sein Kommen weder unerwartet noch unerwünscht. Ganz im Gegenteil: es ist die Erfüllung ihrer brennenden Sehnsucht. Ganz in diesem Sinne schreibt Paulus: „I h r aber, Brüder, seid ja nicht in der Finsternis daß der Tag *euch* wie ein Dieb überraschen könnte!" (1 Thess 5, 4).

## Satan versucht es mit der alten List

Dies mit Bestimmtheit zu wissen, daß der Bräutigam kommt, ist für uns ein so großes Geschenk und ein so starker Schutz gegenüber aller Verzagtheit und allem Sorgengeist, daß niemand sich zu wundern braucht, wenn der Feind es uns nicht gönnt, uns deshalb diese Gewißheit streitig machen will. So dreist, wie Satan nun einmal ist, versucht er, uns diese Gewißheit zu rauben. Er macht es auf die alte Tour, indem er uns Zweifel gegenüber dem Wort unseres Gottes einzuflößen sucht. Die bewährte List, die ihm schon im Paradies den ersten großen Erfolg eingebracht hat, wendet er noch heute an, indem er uns zuflüstert: „Sollte Gott gesagt haben?" Sollte Gottes Wort stimmen? — Und wie viele bringt er mit seinen Schlichen immer wieder zu Fall! Sie nehmen es ihm ab, wenn er ihnen einredet: so unabänderlich, so wörtlich könne Gottes Wort nicht gemeint sein. Mit Vorliebe und mit Erfolg verschanzt sich der Teufel dabei hinter die menschliche Vernunft, die als Maßstab an die Heilige Schrift angelegt werden müsse, um zu erfahren, was davon annehmbar und was abzulehnen sei. Diejenigen Aussagen der Bibel, die der Vernunft widerstreiten, seien selbstverständlich „unzumutbar", — so flüstert es der große Lügner vielen Intellektuellen, gerade auch vielen Theologen heute ein. Je begabter und ehrgeiziger sie sind, desto größer ist die Gefahr, in der sie sich befinden. Denn gerade vor den Klugen und Weisen pflegt Gott die Wahrheit zu verbergen (Mt 11, 15 b). Je mehr sie sich ihrer Klugheit bewußt sind, desto schneller und bereitwilliger werden sie sich die erwähnte Beweisführung des Feindes zu eigen machen, weil sie doch so einleuchtend ist. Und doch ist und bleibt er ein Lügner (Joh 8, 44). Im übrigen hat Paulus diese Entwicklung prophetisch schon angekündigt mit den Worten: „Es wird eine Zeit kommen, da sie die heilsame Lehre nicht ertragen werden, sondern sich nach ihrem eigenen Belieben viele Lehrer verschaffen, um sich von ihnen die Ohren kitzeln zu lassen. Doch von der Wahrheit werden sie die Ohren abwenden. Du aber sei nüchtern in allem..." (2 Tim 4, 3—5).

## Anfechtung und Zweifel nicht dasselbe

Bei anderen kommt Satan mit einem so plumpen Vorgehen nicht zum Ziel. Sie halten an der Glaubwürdigkeit der Bibel fest und wollen das, was geschrieben steht, unbedingt achten, ernst nehmen und wörtlich stehenlassen. Sie halten sich nicht für klüger und aufgeklärter als ihren Herrn und Meister, der bekanntlich die Aussagen des Alten Testaments durchaus als Wahrheit genommen hat, unabhängig von der Frage, ob sie der menschlichen Vernunft einleuchten oder nicht. Ihnen flüstert Satan ein, Glaubensgewißheit sei geistlicher Hochmut. Die ständige Anfechtung, der immer neue Zweifel gehöre zum Kennzeichen eines echten Christenlebens. Aber auch diese Behauptung brauchen wir dem Teufel nicht abzunehmen. Wohl geht es im Jüngerleben ohne Anfechtung nicht ab; doch angefochten werden ist nicht gleichbedeutend mit Zweifeln am Wort. Im Gegenteil: gerade durch die Anfechtung will Gott uns lehren, um so mehr aufs Wort zu merken, um so gewisser sich aufs Wort zu stützen, um so freudiger dem Wort zu glauben. Durch die Anfechtung braucht unsere Gewißheit nicht erschüttert zu werden. Gerade in den mancherlei Anfechtungen soll sich die uns geschenkte Gewißheit des Glaubens erst recht „bewähren und wertvoller erfunden werden als Gold, das vergänglich ist, aber durch Feuer in seiner Echtheit erprobt wird" (1 Petr 1, 6.7), das heißt: nicht verbrennt, sondern geläutert wird.

## Gott gibt unerschütterliche Gewißheit

So wollen wir den Herrn darum bitten, daß Er uns die Wahrheit Seines Wortes, auch die Wahrheit der Botschaft: „Siehe, Er kommt!" durch Seinen Heiligen Geist versiegelt, damit wir nie mehr daran zu zweifeln brauchen. Er will uns ja jene unantastbare Gewißheit schenken, wie sie uns aus den Briefen der Apostel entgegenklingt. Hat schon ein Hiob im Alten Bund sagen können: „Ich *weiß*, daß mein Erlöser lebt und als Letzter auf der Erde auftreten wird" (Hiob 19, 25), — wieviel mehr will der auferstandene Herr es uns in der Kraft des vom Himmel herabgekommenen Heiligen Geistes schenken, daß wir es jubelnd bekennen: Ich *weiß*, daß mein Erlöser lebt — und auf den Wolken des Himmels wiederkommt als der Erste und der Letzte und der Lebendige, denn Er ist der Ursprung und das Ziel.

# 7. Geduld tut euch not!

„Siehe, Er kommt mit den Wolken" — diese Tatsache gibt unserem Leben die Geduld und Gelassenheit, die wir so nötig brauchen.

## Die heute herrschende Ungeduld

Ist nicht die Ungeduld eine besondere Versuchung und Gefahr unserer Tage? Es hat die Menschen eine solche Unruhe und Hetze erfaßt, sie sind in einem so unaufhörlichen Rennen und Jagen begriffen, daß ihnen kaum etwas so schwerfällt wie das Wartenmüssen. Schon die Jugend kann nicht früh genug Geld verdienen. Die Verliebten und Verlobten können nicht früh genug heiraten; und trotzdem reißen sie auch dann noch vorzeitig an sich, was Gott ihnen erst für die Ehe zugedacht hat — nur weil sie meinen, nicht warten zu können. Die Erwachsenen können kaum die nächste Lohnerhöhung erwarten. Wie viele Verkehrsunfälle haben einfach darin ihre Ursache, daß irgend jemand nicht hat warten können, bis die Straße zum Überholen wirklich freigeworden wäre! Die Ungeduld steckt uns allen tief in den Gliedern und nicht nur in unserem persönlichen Leben: Sehen wir die Ungerechtigkeit in der Welt überhandnehmen, dann überkommt uns auch leicht die Ungeduld.

Wie gegenwartsnah wird uns da das Wort aus dem Hebräerbrief (10, 36.37): „Geduld tut euch not, damit ihr durch Erfüllung des göttlichen Willens das Verheißungsgut erlangt. Denn es währt nur noch eine kleine, ganz kurze Zeit, dann wird Der kommen, der kommen soll, und nicht verziehen."

# Was heißt Geduld?

Geduld haben heißt eigentlich: Darunterbleiben unter dem, was Gott zu tragen auferlegt; es ist das standhafte Durchhalten und Ausharren in schwerer Lage. Wer Geduld hat, beugt sich in Ehrfurcht unter die gewaltige Hand Gottes und läuft nicht aus der Schule, steht aber doch auch wieder aufrecht da, besonders vor Menschen, und verliert nicht die Zuversicht. Damit wir aber Gelegenheit bekommen, uns in der Geduld zu üben und zu bewähren, ordnet der himmlische Vater das Leid, die Not und Bedrängnis in unser Leben hinein. So schreibt Paulus: „Wir wissen, daß die Bedrängnis Geduld, Tragkraft, standhaftes Ausharren bewirkt" (Röm 5, 3 b). Wenn wir mit dieser liebevollen Erziehungsabsicht unseres HErrn rechnen können, dann brauchen wir uns gegen das Schwere in unserem Leben nicht mehr aufzulehnen, brauchen uns nicht mehr selbst zu bemitleiden, brauchen uns auch nicht mehr mit der Frage: „Warum? Warum?" abzuquälen, weil wir wissen, *wozu* das Leid uns dienen und helfen soll: daß wir geduldig und standhaft werden. Dann können wir sogar für die Bedrängnis in unserem Leben danken. Je bewußter wir das tun, desto leichter kann der Herr Sein Ziel mit uns erreichen. Es erfüllt sich dann an uns Seine Zusage: „Durch Geduld, durch standhaftes Ausharren werdet ihr das Leben gewinnen!" (Lk 21, 19). Dabei wird nicht von uns erwartet, daß wir uns krampfhaft anstrengen, um geduldig zu sein oder geduldig zu werden, vielmehr wird uns die Geduld *geschenkt.* Hat nämlich der Sohn Gottes durch den Heiligen Geist in unseren Herzen Wohnung genommen, dann wird uns mit dem Leben Jesu (2 Kor 4, 10) auch Seine Geduld, Standhaftigkeit, Langmut und Gelassenheit zuteil. Denn alles, was uns an Seinem Wesen so leuchtend erscheint, soll ja als „Frucht des Geistes" auch an u n s sichtbar werden, nämlich: „Liebe, Freude, Friede, *Langmut,* Freundlichkeit, Güte, Treue, *Gelassenheit,* Selbstbeherrschung" (Gal 5, 22).

## Gottes Widersacher kommen zu spät

Über allem, was uns im persönlichen Leben oder im Leben der Völker beunruhigen möchte, haben wir Ihn vor Augen, *der im Regiment sitzt und alles* herrlich hinausführt. Steht doch geschrieben: „Jeder Priester (im Alten Bund) *stand* da Tag für Tag, indem er seinen Dienst verrichtete und immer wieder die gleichen Opfer darbrachte, die doch nimmermehr imstande waren, die Sünden wirklich wegzunehmen. Dieser aber — nämlich der Messias — hat sich, nachdem Er für die Sünden ein einziges Opfer dargebracht hatte, für immer gesetzt zur Rechten Gottes, im übrigen aber *wartet* Er, bis alle Seine Feinde sich hingelegt haben werden zum Schemel Seiner Füße" (Hebr 10, 11—13). Demnach ist das Erlösungswerk unseres Herrn s o vollendet, daß Er angesichts Seiner Feinde in majestätischer Ruhe warten kann. „Warum toben die Nationen, und die Völkerschaften ersinnen, was doch vergeblich ist? Die Machthaber rotten sich zusammen gegen den HErrn und Seinen Messias. Aber der im Himmel thronet, lacht; der Herr spottet ihrer. Dann aber wird Er sie anreden in Seinem Zorn, und mit Seinem Grimm wird Er sie in Schrekken versetzen." (Ps 2, 1—5; Apg 4, 25 f.). Er kann dem Toben und Aufruhr Seiner Feinde mit Gelassenheit *zuschauen.* Denn all das, was die Völker und ihre Herren unternehmen gegen den lebendigen Gott und Seinen Gesalbten, bleibt zum Scheitern verurteilt. Wie sie auch heißen und was sie auch ersinnen mögen, die Widersacher unseres Gottes, die Lästerer Seines Namens, die Verfolger Seiner Gemeinde — sie kommen alle miteinander längst zu spät! Hat doch der Allerhöchste bereits gehandelt: „Ich habe Meinen König eingesetzt auf Meinem heiligen Berge Zion", so hat Gott gesprochen (Ps 2, 6). „So soll nun das gesamte Haus Israel mit Sicherheit erkennen, daß Gott Ihn zum Herrn und zum Messias gemacht hat, eben diesen Jesus, den *ihr* gekreuzigt habt", so hat der Apostel Petrus an Pfingsten ausgerufen (Apg 2, 36). Aber nicht nur das Haus Israel — nein, die gesamte Menschheit soll es mit Sicherheit erkennen, wer der von Gott selbst eingesetzte König

75

aller Könige ist: nämlich Jesus, der Gekreuzigte. Weil Er gehorsam geworden war bis zum Tod, ja bis zum Tod am Kreuz — darum hat Gott Ihn auch überaus hoch erhöht und hat Ihm den Namen gegeben, der jeden Namen überragt: JESUS! (Phil 2, 8 f.). Ja erhöht hat Gott Ihn durch Seine rechte Hand zum Bahnbrecher und Befreier (Apg 5, 30 a); erhöht ist Er über alle Himmel, um von dort das ganze Weltall zu erfüllen (Eph 4, 10). Darum kann Er im Angesicht Seiner Feinde mit Geduld und Gelassenheit warten.

## Satan in zeitlicher Klemme

Warten — das kann der Teufel *nicht*. Ihm eilt es, weil er genau weiß, daß er nur noch wenig Zeit, nur noch eine kurz bemessene Frist zur Verfügung hat (Offb 12, 12). Dieses Wissen ist ihm sehr unangenehm und ärgerlich und bringt ihn in großen Zorn. So unnüchtern ist er nämlich nicht, wie die Menschen in ihrer Selbstherrlichkeit oft sind, wenn sie sich über die Wirklichkeit hinwegtäuschen und so tun, als ob ihnen keine Frist gesetzt wäre. Satan sieht das nüchtern, daß es mit seiner Bewegungsfreiheit bald zu Ende sein wird; deshalb ist er jetzt noch so geschäftig und lauert darauf, wen er noch verschlingen kann. Eins ist jedenfalls sicher: Das Warten kann er sich nicht leisten.

## Die göttliche Perspektive

Wenn wir aber so unseren HErrn vor Augen haben, wie Er angesichts der gegen Ihn sich auflehnenden Völker und ihrer Machthaber mit majestätischer Ruhe und Gelassenheit warten kann, dann wird auch über *unser* Herz jene königliche Ruhe und Gelassenheit, Geduld und Ausdauer kommen, die uns befähigt, zu warten. Dann werden wir uns auch nicht mehr so beeindrucken lassen von den Tagesereignissen und werden mit den Entscheidungen der Staatsmänner weder zu große Hoffnungen noch zu große Befürchtungen verknüpfen. Denn wir sehen hinter ihren Entscheidungen wie hinter allem Geschehen unter den Völkern und Menschen die starke und sichere Hand Dessen, der der Herr der Geschichte ist und von dem wir wissen: „Siehe, Er kommt!" Wie wichtig ist es doch, daß wir es lernen, das politische Geschehen der Gegenwart und die Entwicklung der Weltlage weniger im Lichte der Tagepresse, als vielmehr im Lichte der Heiligen Schrift und das heißt: *von göttlicher Warte aus zu* betrachten! Dann sieht nämlich alles ganz anders aus.

### Nicht träge werden!

Im Blick auf Den, Der in der Siegesgewalt Seines Vaters erscheinen wird, verlieren wir alle Unruhe, Ungeduld, Angst und Sorge. Weil der Herr nahe ist mit Seinem Kommen, brauchen wir uns nicht in Ungeduld abzusorgen. Vielmehr können wir in allen Fällen unsere Anliegen durch Gebet und Flehen vor Gott kundwerden lassen, und zwar verbunden mit Danksagung. Wenn ihr das tut, „dann *wird* der Friede Gottes, der höher ist als alles Denken, eure Herzen und eure Gedanken bewahren im Messias Jesus" (Phil 4, 5—7). Wie einst die Thessalonicher „die Geduld und Beharrlichkeit in der Erwartung unseres Herrn Jesus" (1 Thess 1, 3 c) bekommen haben, so ist diese Geduld und Beharrlichkeit auch uns zugedacht. „Denn ihr sollt nicht träge (schwerfällig, stumpf) werden", steht geschrieben, „sondern denen nacheifern, die durch Vertrauen und Beharrlichkeit die Verheißungen ererben" (Hebr 6, 12). „Das standhafte Ausharren aller soll sich voll entfalten, damit ihr vollkommen und tadellos seid und sich in keiner Beziehung ein Mangel an euch zeige" (Jak 1, 4). „Der Herr aber lenke eure Herzen zur Liebe gegen Gott und zur ausharrenden Erwartung des (kommenden) Messias!" (2 Thess 3, 5.) Deshalb gilt uns der Ruf: „Darum auch *ihr:* werdet bereit, denn der Menschensohn kommt zu einer Stunde, in der ihr es nicht vermutet!" (Lk 12, 40).

# 8. Der Wille Gottes: eure Heiligung!

„Siehe, Er kommt mit den Wolken" — diese Tatsache gibt unserem Leben den Heiligungsernst, den wir so nötig brauchen.*

## Vergebung allein genügt nicht

Wollen wir zu denen gehören, die dem Herrn Jesus bei Seinem Erscheinen mit Freude entgegengehen können, dann muß unser Leben geheiligt sein, denn ohne Heiligung wird dann niemand den Herrn zu sehen bekommen (Hebr 12, 14 b). Deshalb kann es nur als ein Trick des Feindes angesehen werden, wenn er uns einredet, es komme lediglich auf die Vergebung an, da es mit der Heiligung ja ohnehin eine unsichere Sache sei. Gott aber will uns durch die Heiligung dazu fähig machen, daß wir am Erbe der Heiligen im Licht Anteil empfangen (Kol 1, 12). Und nichts kann uns so sehr Ansporn zur Heiligung sein wie unsere lebendige Hoffnung. Denn: *„Jeder,* der diese Hoffnung hat im Vertrauen auf Ihn, der reinigt sich so, wie Er rein ist" (1 Joh 3, 3). So ruft uns auch Paulus zu: „Die Nacht ist vorgerückt, der große Tag naht. Habt darum abgelegt die Werke der Finsternis, aber angelegt die Waffen des Lichts!" (Röm 13, 12). Dabei geht es nicht nur um ein Ablegen der groben Sünden, sondern um die Durchheiligung unseres ganzen Menschen, wie geschrieben steht: „Er selbst aber, der Gott des Friedens, heilige euch *durch und durch,* und euer ganzes Wesen nach Geist, Seele und Leib möge untadelig bewahrt werden für die Ankunft unseres

---

* Vgl. dazu das TELOS-Taschenbuch des Verfassers: „Der Wille Gottes: eure Heiligung", Neuhausen-Stuttgart 1981.

Herrn Jesus als Messias. Treu ist Er, der euch ruft; Er wird es auch tun!" (1 Thess 5, 23 f.)

## Gott selbst will uns heiligen

Wir wollen bei diesem Wort nicht überhören, daß es ausdrücklich heißt: *„Er selbst* aber, der Gott des Friedens, heilige euch!"* Es steht also nicht da: *Ihr* müßt euch heiligen. Trotzdem gibt es viele Fromme, die meinen, ihre Heiligung selber bewerkstelligen zu müssen. Sie ringen und kämpfen und mühen sich ab, um mit der Sünde fertig zu werden. Sie quälen sich ab mit guten Vorsätzen, und doch geraten sie durch alle ihre Anstrengungen nur immer tiefer hinein in die Verstrickungen der Sünde.

## Wir s i n d geheiligt

Wie befreiend ist demgegenüber die Botschaft: wir *sind* bereits ein für allemal dadurch geheiligt, daß Jesus als Messias Seinen Leib, Sein Leben für uns geopfert hat! (Hebr 10, 10.) Er selbst, Er allein ist unsere Heiligung (1 Kor 1, 30). Er ist nicht nur für unseren Glauben, sondern auch für unsere Heiligung „Bahnbrecher und Vollender" (Hebr 12, 2). Durch Seinen Opfertod ist auch unser alter Mensch *mit*gekreuzigt, „damit der Leib der Sünde außer Wirksamkeit gesetzt sei, so daß wir der Sünde nicht mehr sklavisch zu dienen brauchen" (Röm 6, 6).

## Die Sünde ist entmächtigt

Es hat also keinen Zweck, sich in irgendeinen eigenen Kampf mit der Sünde einzulassen und zu denken, daß wir sie mit unseren Bemühungen unter die Füße bekommen könnten und müßten. Den Kampf mit der Sünde, der uns schon so viel Niederlagen und Enttäuschungen eingebracht hat und in den uns deshalb der Feind so gerne immer wieder hineinziehen möchte — diesen Kampf hat der Gekreuzigte längst stellvertretend für uns aufgenommen, durch-

gefochten und siegreich entschieden. Nun ist die Sünde ent-
mächtigt und darf nicht mehr herrschen in unserem Leib
(Röm 6, 12.14 a). Sie hat kein Anrecht mehr an alle, die
die Erlösung ergriffen haben; ihnen gilt das Wort: „Darum
dürft auch ihr fest damit rechnen, daß ihr *tot* seid für die
Sünde, mit eurem Leben aber daseid für Gott im Messias
Jesus, unserem Herrn" (Röm 6, 11).

## Keine Selbstheiligung!

Tritt nun die Versuchung an uns heran, dann brauchen
wir nicht mehr darauf auszugehen, sie mit Ringen und
Kämpfen selber zu überwinden, sondern wir berufen uns
einfach auf den Sieg, den J e s u s für uns am Kreuz er-
rungen hat. So lassen sich durch den Schild des Glaubens
die feurigen Pfeile des Bösen alle auslöschen (Eph 6, 16).
Deshalb kann der Apostel Johannes mit Gewißheit bezeugen, daß der Arge einen Wiedergeborenen nicht antasten
darf (1 Joh 5, 18 c). Darum kommt alles auf dies eine an:
„Gerade jetzt, Kinder, b l e i b t in Ihm! Dann habt ihr
wenn Er sich offenbart, freudige Zuversicht, (Freimut, Gewißheit), und ihr braucht bei Seiner Wiederkunft nicht beschämt vor Ihm zurückzuweichen" (1 Joh 2, 28). Auch
hier sehen wir deutlich, wie eng die Frage nach der Heiligung zusammenhängt mit unserem Bereitsein für den Tag
des Messias.

## Es geht um völlige Heiligung

Dabei sind sich alle Apostel darin einig, daß es für die
Erlösten darum geht, sich reinigen zu lassen von *jeder* Be-
fleckung des Fleisches und Geistes (2 Kor 7, 1 a), heilig zu
werden im *gesamten* Wandel (1 Petr 1, 15), in ihren Herzen befestigt zu werden, um *unsträflich* zu sein in Heiligkeit vor unserem Gott und Vater bei der Ankunft unseres
Herrn Jesus (1 Thess 3, 13) und die Heiligung zur *Vollendung* zu bringen (2 Kor 7, 1 b).

## Der Teufel möchte unsere Heiligung hintertreiben

Der Feind gönnt uns freilich nicht, daß wir das Ziel unserer himmlischen Berufung erreichen. Und da es ohne Heiligung nicht erlangt werden kann, sucht er das Geheiligtwerden der Gemeinde auf jede Weise zu verhindern und aufzuhalten. Dabei hat sich ihm nach seiner vielseitigen Erfahrung am besten bewährt: Wenn es ihm gelingt, daß die Christen sich mit der Sünde in ihrem Leben *abfinden,* dann hat er leichtes Spiel. Sobald wir ihm nämlich glauben, daß die Macht der Sünde auch nach der Wiedergeburt unüberwindlich sei und tägliches Sündigen auch im neuen Leben nicht vermieden werden kann, dann hat Satan genau das erreicht, worauf es ihm ankommt: jegliche Heiligung wird hinfällig. Wieviel Erfolge hat der Lügner von Anfang an in dieser Richtung schon erzielt!

## Es gilt, in Jesus zu bleiben

Demgegenüber ist es an der Zeit, daß die Gemeinde sich wieder besinnt auf das untrügliche Wort ihres Herrn, der nicht nur gesagt hat: „Ihr sollt so vollkommen sein, wie euer Vater im Himmel vollkommen ist!", sondern der uns auch den Weg dazu gezeigt hat mit dem Zuruf: „Bleibt in Meiner Liebe! Wenn ihr genau Meine Weisungen befolgt, dann werdet ihr ebenso in Meiner Liebe bleiben, wie Ich selbst genau Meines Vaters Weisungen befolgt habe und dadurch in Seiner Liebe bleibe" (Joh 15, 9 b. 10).* Er hat uns aber nicht nur den Weg zu einem geheiligten Leben im Gehorsam und in der Liebe gezeigt, sondern uns auch die Bahn dazu gebrochen. Er konnte zu Seinem Vater sagen: „ . . . und ihnen zugut heilige Ich Mich selbst, damit auch sie geheiliget seien in Wahrheit" (Joh 17, 19). So ist Er es, der beides in uns bewirkt, sowohl das Wollen wie

---

\* Vgl. die Auslegung dieses wichtigen Wortes in: O. S. v. Bibra, Faßt nur Mut! Die befreiende Botschaft der Abschiedsreden Jesu (Joh 13—17) neu übersetzt und erklärt. 2. erweiterte Auflage, Gladbeck 1980.

auch das Vollbringen entsprechend Seinem Wohlgefallen (Phil 2, 13).

## Es geht um Bewahrung vor jeder Sünde

Darum darf die Gemeinde nicht länger überhören, was so klar geschrieben steht: „Das ist der Wille Gottes: eure Heiligung" (1 Thess 4, 3 a). Wollen wir weiter unseren Herrn für einen „harten Mann" halten, der uns ein drückendes Joch dadurch auferlegt, daß Er ständig an uns Forderungen stellt, die wir doch nicht erfüllen können — oder wollen wir es Ihm endlich zutrauen, daß Er nicht nur willens, sondern auch imstande ist, die Seinen „zu bewahren vor jedem Straucheln und sie vor das Angesicht Seiner Herrlichkeit untadelig zu stellen mit jubelnder Freude", (Judas 14)? Sollten wir es nicht unserem Herrn Jesus, der da heißt: „Treu und Wahrhaftig" (Offb 3, 14 b), glauben, daß uns in Seiner Nachfolge ein befreites und entspanntes Leben zugedacht ist gemäß Seinem Wort: „Denn Mein Joch ist sanft, und Meine Last ist leicht!" (Mt 11, 30)?

## Immer neu auf Vergebung angewiesen

Dabei sind wir weit davon entfernt, irgendeinen Lehrsatz der Sündlosigkeit aufstellen zu wollen. Es geht vielmehr darum, daß wir die neutestamentliche Botschaft von der Heiligung wieder ernst nehmen und sie nicht länger durch unseren Kleinglauben unwirksam machen. Das Neue Testament sagt uns nirgends, daß die Heiligen etwa sündlose Leute seien, ganz im Gegenteil: es spricht offen und unverblümt von den Verfehlungen, die auch innerhalb der Gemeinde der Wiedergeborenen noch vorkommen und weist uns deutlich darauf hin, daß wir der *ständigen Reinigung* bedürfen (Joh 15, 2 b; 1 Joh 1, 7.9). Hier gilt das Wort: „Meine Kinder, dieses schreibe ich euch, damit ihr n i c h t sündigt! Sollte aber doch jemand sündigen, so haben wir einen Fürsprecher beim Vater: Jesus, den Messias, den Gerechten" (1 Joh 2, 1).

## Nicht liegenbleiben!

Allerdings kommt es für den, der gestrauchelt ist, sehr darauf an, nicht am Boden liegenzubleiben und sich nicht der Verzagtheit hinzugeben, sondern mit seiner Schuld auf dem schnellsten Wege zu Jesus zu kommen und die reinigende Kraft Seines Blutes neu in Anspruch zu nehmen. Wir müssen mit unserer Schuld immer fünf Minuten früher beim Herrn sein als der Verkläger, sagt Corrie ten Boom.

## Und kein Spielen mit der Sünde!

So verschweigt also das Neue Testament durchaus nicht, daß auch die Erretteten trotz ihrer Wiedergeburt schwache und fehlsame Geschöpfe bleiben, die auf die immer neue Vergebung und Reinigung angewiesen sind. Gleichzeitig aber bezeugt es uns mit großem Ernst, daß es für die Erretteten unmöglich sein sollte, noch länger mit der Sünde zu spielen, bewußt in der Sünde zu beharren und ihr zu dienen (Röm 6, 1; 1 Joh 3, 6—10) — sagt doch der Herr zu jedem, den Er von seiner Schuld freispricht: „Von jetzt ab sündige nicht mehr!" (Joh 5, 14; 8, 11.)

Sicher ist, daß diejenigen, die ihren Herrn auf den Wolken des Himmels ernsthaft erwarten, nicht imstande sein werden, noch länger mit der Sünde zu spielen, sie zu verharmlosen, zu verbergen, abzuleugnen oder überhaupt sie in ihrem Leben zu dulden. Sie werden vielmehr jede erkannte Sünde ans Licht bringen — die Bibel nennt das „bekennen" (Mt 3, 6 b; Jak 5, 16) — und in der Kraft des Heiligen Geistes mit ihr brechen. Im übrigen aber werden sie es ihrem Herrn zutrauen, daß Er Sein Wort an ihnen einlöst und sie „aufs völligste errettet" (Hebr 7, 25), indem Er das gute Werk, das Er in ihnen begonnen hat, auch vollenden wird bis auf Seinen großen Tag.

# 9. Zeugen gesucht!

„Siehe, Er kommt mit den Wolken" — dies zu wissen gibt uns den rechten Ernst und Eifer, den Missionsbefehl unseres Herrn auszuführen, der gesagt hat: „Gehet hin in die ganze Welt, und bringt als Meine Herolde die Freudenkunde der gesamten Schöpfung!" (Mk 16, 15.)

## Der Herr will Herolde haben

Wie sollten auch die gottfernen Menschen zum Vertrauen auf Jesus kommen, solange sie Ihn noch nicht gehört haben? Wie aber sollten sie Ihn hören ohne Herolde, die ihnen die Kunde bringen? (Röm 10, 14.)[*] Deshalb sendet der Herr seine Jünger aus mit der Zusicherung: „Wer euch hört, hört Mich!" (Lk 10, 16.) So entsteht der rettende Glaube durch das Aufhorchen auf die Verkündigung; das Aufhorchen aber kommt erst dadurch zustande, daß der HErr (durch den Mund Seiner Herolde) unmittelbar redet (Röm 10, 17).[*] Deshalb hat sich Jesus zu allen Zeiten Seine Zeugen berufen, die Er aussendet zur Weitergabe Seiner Botschaft. Denn „wie sollen sie als Herolde auftreten, wenn sie nicht gesandt sind"? (Röm 10, 15 a.) Je näher aber der „Tag des Messias", wie Paulus ihn nennt (Phil 1, 10), heranrückt, desto dringlicher wird Sein Ruf: „Wen soll Ich senden, und wer will Unser Bote sein?" (Jesaja 6, 8.) So schaut der HErr aus nach Männern und Frauen, nach Jünglingen und Mädchen, die sich Ihm für Seinen Heroldsdienst zur Verfügung stellen und mit Jesaja antworten: „Hier bin ich, sende mich!" Die Nachrichten von den verschiedenen Missionsfeldern der Erde zeigen, daß es in der

---

[*] Vgl. dazu: O. S. v. Bibra, Eines ist not! Röm 10, 13—17 neu übersetzt nud erklärt. 2. Auflage, Marburg 1976.

Gegenwart noch viel offene Türen gibt für die Botschaft von Jesus, daß es aber überall an den Zeugen fehlt, die sich hinaussenden lassen und bereit sind, jedes Opfer zu bringen für die Ausbreitung der Königsherrschaft ihres Herrn.

## Auch Deutschland ist Missionsgebiet

Und wie ist die Lage im sogenannten christlichen Abendland? Wie steht's in der Heimat, in unserem eigenen Land, das angeblich schon längst missioniert ist? Es ist ja immer wieder beschämend, zu hören, wie enttäuscht, ja geradezu erschüttert die aus den jungen Kirchen Asiens und Afrikas zu uns kommenden Christen sind, wenn sie den Tiefstand geistlichen Lebens feststellen müssen, der die christlichen Gemeinden in Deutschland kennzeichnet. Weite Gebiete unseres Vaterlandes müssen tatsächlich erst noch missioniert werden, und sicher gilt auch hier das Wort der Schrift: Als Er aber die Volksscharen sah, erfaßte Ihn tiefes Erbarmen, denn sie waren zerschunden, abgehetzt und verschmachtet, vernachlässigt und verwahrlost wie Schafe, die keinen Hirten haben. Da sagte Er zu Seinen Jüngern: „Die Ernte ist zwar groß, aber der Arbeiter sind nur wenige; bittet daher den Herrn der Ernte, daß Er Arbeiter auf Sein Erntefeld aussende!" (Mt 9, 36—38.) Ohne Zweifel hält der Herr auch im Blick auf das heimatliche Erntefeld Ausschau nach solchen, die bereit sind, sich in dieser ernsten Letzten Zeit von Ihm senden zu lassen als Seine Herolde im eigenen Land. Wer hört Seinen Ruf und Seine Frage? Wem geht's durchs Herz, wenn der Herr sagt: „Wen soll Ich senden, und wer wird Unser Bote sein?"

## Alle sind zum Zeugendienst gerufen

Es geht aber bei dem Missionseifer, den der Herr angesichts Seiner bevorstehenden Wiederkunft unter uns entfachen möchte, nicht nur um diejenigen, die dazu berufen und bestimmt sind, Herolde des kommenden Königs im besonderen Sinne zu werden, sei es als Missionare in fernen Erdteilen oder als Evangelisten im eigenen Land. Darüber hinaus will Jesus alle, die zu Ihm gehören und Sein Eigentum geworden sind, tüchtig machen zu treuem und freudigem und entschlossenem Einsatz in der Ausbreitung der Kunde Seines Namens. Denn Sein Wort: „Ihr werdet Meine Zeugen sein!" (Apg 1, 8) gilt ja nicht nur den sogen. Reichs-Gottes-Arbeitern, sondern allen, die überhaupt etwas von Jesus zu bezeugen haben. Das sind diejenigen, die dem Auferstandenen begegnet sind — zu denen Er geredet hat, an denen Er gehandelt und sich als der lebendige Herr mächtig erwiesen hat.

„Zeugen gesucht!", so kann man manchmal in der Zeitung lesen, wenn ein Unfall geschehen ist. „Zeugen gesucht!", so heißt es auch heute inmitten der Gemeinde Jesu. Der Herr sucht aus allen Berufen lebendige Zeugen, die sich von Ihm ausrüsten lassen mit Mut und Unerschrockenheit, mit Liebe und Ausdauer, um das Zeugnis Seines Namens weiterzugeben, gerufen oder ungerufen, es sei gelegene oder ungelegene Zeit, es mag den Leuten passen oder nicht (2 Tim 4, 2).

Weil der Herr nahe ist, gilt uns in besonderer Weise die Mahnung des Apostels:

## „Kaufet die Zeit aus, denn die Tage sind böse"

Stimmt denn auch der Nachsatz? Erleben wir denn nicht — gerade hier in Westdeutschland — auf Grund des Wirtschaftswunders recht gute Tage?! Das läßt sich nicht leugnen. Wie gut geht es uns doch, unverdient gut! Wir haben alles, was wir zum Leben brauchen, ja sogar mehr als das. Wir sind in Ruhe und Frieden, können ungehindert unseres Glaubens leben, es fehlt uns nichts. Liegt aber nicht gerade darin eine große Gefahr? Die Gefahr der Selbstsicherheit, Genußsucht und Sattheit! Und wie viele sind dieser Gefahr schon erlegen, indem sie durch das Rennen und Jagen nach Geld und Vergnügen unempfänglich geworden sind für das Wort unseres Gottes! Auch die Christen stehen in der Gefahr, mit hineingezogen zu werden in diesen allgemeinen Sog der Diesseitigkeitsgesinnung und des Götzendienstes der Habsucht. So gilt es gerade für uns im Westen mit unserem hohen Lebensstandard: „Die Tage sind böse", voll Gefahren und Versuchungen!

Darum: Kaufet die Zeit aus, um noch möglichst viele Seelen zu werben für Jesus, zu retten vom Verderben, in das sie hineinrennen. Führt sie dem kommenden König zu, ehe es zu spät ist! Denn wenn Er nicht als Befreier in das Leben der Menschen hineinkommt, die neben uns stehen im Beruf, in der Familie, in der Nachbarschaft, dann sind sie verloren. Es ist ja in keinem Anderen Rettung, und es ist kein anderer Name unter dem Himmel den Menschen gegeben, durch den sie gerettet werden können — als allein der Name JESUS (Apg 4, 12). Wie viele kennen Ihn noch nicht, den Herrn der Herrlichkeit! Wie aber sollen sie Ihn kennenlernen, wenn die Christen stumm sind und das ihnen aufgetragene Zeugnis aus Menschenfurcht, Gleichgültigkeit, Trägheit oder Feigheit verschweigen?!

## Nichts ist wichtiger als der Zeugendienst

Möge das Feuer Gottes neu über alle kommen, die Jesus kennen, damit sie mit Freimut und Freudigkeit das Zeugnis Seines Namens weitertragen, wo immer sie dazu Gelegenheit und von Gott den Auftrag bekommen! Mögen unsere Herzen so entzündet werden von der Glut der göttlichen Liebe, daß uns der Gedanke an die Not der unerlösten Menschen um uns her keine Ruhe läßt und es uns drängt, ihnen die rettende Kunde zu bringen! Möge es uns gehen wie den ersten Jüngern, von denen das Wort überliefert ist: „Wir können es ja nicht lassen, daß wir nicht reden sollten von dem, was wir gesehen und gehört haben!" (Apg. 4, 20.) Angesichts der nahen Ankunft des HErrn gibt es überhaupt nichts Wichtigeres, was zu tun wäre, als die Ausbreitung der Kunde von Jesus. Corrie ten Boom sagt: Wenn der Herr Jesus wiederkommt, wird es gar nicht wichtig sein, wie hoch dein Bankkonto ist und ob du in deiner

Wohnung einen Kühlschrank, ein Fernsehgerät und eine vollautomatische Waschmaschine stehen hast, ob du ein Auto und ein Häuschen besitzt. Wenn Jesus wiederkommt, geht es nur um eines: Wieviel Seelen hast du zum Herrn gebracht? — Wir wollen dieser Frage nicht ausweichen; wir sollten sie uns vorlegen und im Lichte dieser Frage den Ertrag unseres bisherigen Lebens nüchtern prüfen.

## Freude im Himmel

Auch davon spricht Corrie ten Boom in diesem Zusammenhang gern, was für eine Freude es im Himmel für die Erlösten sein wird, wenn dann einzelne auf sie zukommen werden, um ihnen zu danken mit den Worten: „Du hast mich hierher eingeladen!" — Mögen wir alle in dieser letzten Zeit so freudige Zeugen und Bekenner unseres Königs werden, daß wir nicht nur selbst im Himmel unser Heimatrecht haben, sondern dann andere bezeugen können, daß wir Wegweiser zum Himmel für sie gewesen sind!

Selig sind, die brennende Herzen haben, denn sie werden dem Heiland die Welt erobern!

# 10. Selig, die standgehalten haben!

„Siehe, Er kommt mit den Wolken" — dies zu wissen, gibt uns die Kraft, die wir so nötig brauchen, um aus den Schwierigkeiten und Proben des Lebens als Überwinder hervorzugehen.

Wie leicht werden wir müde in den Nöten des Alltags und in allem, was ein Menschenherz bedrängen und bedrücken kann! Aus der Müdigkeit ergibt sich rasch das Mutloswerden, die Niedergeschlagenheit und das Verzagen. Und schnell ist der Versucher zur Stelle, der uns zuflüstert: „Gib's auf; es hat doch keinen Zweck!" — Da gilt das Wort: „Wer hier ermüden will, der schaue auf das Ziel!" Das Ziel aber heißt: Siehe, *Er* kommt!

### Durch Leiden zur Herrlichkeit

So kann Petrus den Fremdlingen in der Zerstreuung schreiben, was sie zu erwarten haben: „ein unvergängliches, unbeflecktes und unverwelkliches Erbe, das für euch in den Himmeln aufbewahrt ist, während ihr hier im Machtbereich Gottes geborgen seid durch Glauben. Das Heil liegt schon jetzt für euch bereit, um in der Letzten Zeit geoffenbart zu werden. Darüber jubelt ihr, obwohl ihr jetzt noch eine *kurze* Zeit, wenn es so sein soll, durch mancherlei *Prüfungen* Traurigkeit erfahren müßt. Dadurch soll sich die Echtheit eures Glaubens bewähren und wertvoller erfunden werden als Gold, das doch vergänglich ist, aber durch Feuer in seiner Echtheit erprobt wird . . . " (1 Petr 1, 4—7).

So ist es für uns eine unschätzbare Hilfe, wenn wir jede Bedrängnis, alles Leid im Lichte des kommenden großen Tages sehen können. Steht doch geschrieben: „Je mehr ihr Anteil habt an den Leiden des Messias, desto mehr freut euch; dann könnt ihr euch auch jubelnd freuen, wenn Seine Siegesgewalt offenbar werden wird" (1 Petr 4, 13). Haben wir das Ziel vor Augen, dem wir von der sicheren Hand unseres Herrn entgegengeführt werden, dann werden die uns auferlegten Belastungen und Proben, die uns manchmal so schwer vorkommen, geringfügig und leicht. Können wir doch mit aller Bestimmtheit damit rechnen, „daß die Leiden der jetzigen Frist — jawohl, es ist nur eine kurze Frist! — nicht wert sind, verglichen zu werden mit der Herrlichkeit, die sich bald an uns offenbaren soll" (Röm 8, 18).

## Es kommt auf die Blickrichtung an

Wie Petrus es in der Nacht auf dem See Genezareth erfahren hat, daß er nur so lange von den Wellen getragen wird, wie er seinen Blick auf Jesus richtet, so erfahren auch wir in den Schwierigkeiten und Nöten unseres Lebens die göttliche Überwinderkraft nur dann, wenn wir den wiederkommenden Herrn bewußt vor Augen haben. „Denn ein kurzer Augenblick leichter Trübsal bringt uns nur dann in überschwenglicher Weise, über alles Maß hinaus ein ewiges Vollgewicht von Herrlichkeit, wenn wir nicht achten auf das Unsere, das sichtbar ist, sondern vielmehr auf das, was (jetzt noch) nicht zu sehen ist; denn das, was man sieht, ist kurz befristet und wird im Nu vergehen, das (jetzt noch) Unsichtbare aber hat ewigen Bestand" (2 Kor 4, 17 f.). So wollen wir uns nicht länger beeindrucken lassen von dem, was vor Augen ist und doch in Kürze vergehen wird, sondern unseren Blick richten auf das noch Unsichtbare, ja vielmehr auf *den* Unsichtbaren, wie es Mose schon getan hat, von dem es heißt: „Er hielt stand (harrte aus), als ob er den Unsichtbaren sähe" (Hebr 11, 27 b). Wieviel leichter haben *wir* es da, mit Jesus, den wir noch nicht sehen, so zu rechnen, als sähen wir Ihn schon, nachdem Er doch aus den Toten auferstanden ist und Gott Ihm herrliche Siegesgewalt gerade zu dem Zweck gegeben hat, daß sich unser Vertrauen und unsere Hoffnung nun ganz und gar auf

*Ihn* richten kann (1 Petr 1, 21). So hat Gott durch die Auf-
erweckung Seines Gesalbten allen den Glauben ermöglicht
(Apg 17, 31 b) und es uns leicht gemacht, unseren Blick
vertrauensvoll auf Den zu richten, der schon von den Propheten geweissagt war und an Dem der Vater Seine Verheißungen auf so wunderbare Weise erfüllt hat: *„Jesus,*
den Bahnbrecher und Vollender des Glaubens, der an Stelle
der vor Ihm liegenden Freude das Kreuz erduldete, indem
Er die Schande nicht achtete, *dann aber* sich gesetzt hat
zur Rechten des Thrones Gottes" (Hebr 12, 2).


## Wir können vertrauen

Laßt uns deshalb dankbar aufnehmen, was der Herr
selbst uns zuruft: „Euer Herz braucht nicht beunruhigt zu
sein! Setzt nur euer Vertrauen auf Gott, dann werdet ihr
euch auch Mir anvertrauen. Im Hause Meines Vaters sind
viele Wohnungen; wenn es nicht so wäre, dann hätte Ich es
euch schon gesagt. Denn Ich gehe ja hin, euch eine Stätte zu
bereiten. Und wenn Ich hingegangen bin und euch eine
Stätte bereitet habe, dann komme Ich wieder und will euch
zu Mir holen, damit auch *ihr* dort seid, wo Ich selbst bin"
(Joh 14, 1—3). So will Er selbst unsere Gedanken hinlen-
ken auf den Tag Seines glorreichen Erscheinens, damit wir
es lernen, fest mit diesem gewaltigen und so nahe bevorstehenden Ereignis zu rechnen. Dann bleibt unser Herz bewahrt vor Angst und Beunruhigung, vor Sorge und Bangen. „Darum sind wir nicht entmutigt, (verzagen nicht, werden nicht müde); im Gegenteil: wenn auch unser äußerer
Mensch aufgerieben wird, so wird doch unser innerer Mensch
von Tag zu Tag erneuert" (2 Kor 4, 16). So erfahren die
Erlösten des Herrn, die auf Sein Kommen warten, erneut
das, was schon Jesaja bezeugt: „Mögen Jünglinge müde
und matt werden und junge Männer strauchelnd zusammen-
brechen: — die auf den Herrn harren, gewinnen immer wieder neue Kraft, daß ihnen neue Schwungfedern wachsen
wie den Adlern, daß sie laufen und doch nicht müde werden, daß sie wandern und doch nicht ermatten" (40, 30 f.).

# Harret standhaft aus!

Auch bei Jakobus ist der Zuspruch an die durch Leiden heimgesuchten Brüder ganz deutlich ausgerichtet auf den großen Tag des Messias. So schreibt er: „Harret nun standhaft aus, liebe Brüder, bis zur Ankunft des Herrn! Seht, der Landmann wartet doch auch auf die köstliche Frucht der Erde und geduldet sich ihretwegen, bis sie den Früh- und Spätregen empfängt. So haltet auch *ihr* geduldig aus, und macht eure Herzen fest, denn die Ankunft des Herrn steht nahe bevor! Seufzet nicht gegeneinander, liebe Brüder, damit ihr nicht gerichtet werdet! Seht, der Richter steht vor der Tür! Nehmt euch für das Erleiden des Unrechts und für das geduldige Ausharren die Propheten zum Vorbild, die im Namen des Herrn geredet haben! Seht, wir preisen die glückselig, die geduldig ausgeharrt — oder: standgehalten — haben!" (Jak 5, 7—11a.)

# 11. „Ja, komme bald, Herr Jesus!"

„Siehe, Er kommt mit den Wolken" — das zu wissen, er- weckt die liebende Sehnsucht nach Ihm, unserem Herrn Jesus, der die Gemeinde in Seine Liebe aufgenommen und sich ihr zugut dahingegeben hat, damit Er selbst sie sich — am Tag der Entrückung — herrlich darstellen könne, ohne daß sie einen Flecken oder eine Runzel oder etwas derarti- ges habe, vielmehr so, daß sie heilig und untadelig sei (Eph 5, 26 f.).

## Wo sind die treuen Jünger?

Wie ist das eigentlich mit unserem Verlangen? Worauf richtet es sich? Etwa darauf, noch mehr anschaffen zu kön- nen, sich das Leben noch angenehmer gestalten zu können, von den Menschen noch mehr beachtet und anerkannt zu werden? Wo sind heute diejenigen Christen, die mit Paulus bezeugen können, daß es für sie nur einen einzigen Ruhm gäbe: das Kreuz ihres Herrn, durch das die Welt ihnen gekreuzigt ist und durch das auch sie selbst der Welt abge- storben sind (Gal 6, 14)? Jünger sollten ihre einzige Sehn- sucht darauf richten, daß ihr himmlischer Herr bald er- scheine, um die Seinen mit sich in der Herrlichkeit zu ver- einen. Darum geht es, wenn Er Seinen Jüngern zuruft: *„Ihr aber solltet nicht danach trachten, was ihr essen und was ihr trinken werdet; fahret auch nicht hoch her, und seid nicht in der Schwebe (zwischen Furcht und Hoffnung)! denn nach diesem allen trachten die Heiden der Welt. Su- chet indes die Königsherrschaft Gottes, und dies alles wird euch hinzugegeben werden ... Verschafft euch einen Schatz, der nicht zu Ende geht, in den Himmeln, wo kein Dieb hingelangt und keine Motte etwas verdirbt! Denn wo euer*

Schatz ist, da wird auch euer Herz sein ... So sollt *ihr*
solchen Leuten gleichen, die da aus-schauen nach ihrem
Herrn..." (Lk 12, 29—31.33c.34.36a).

## Wo haben wir unseren „Schatz"?

Eines ist jedenfalls sicher: Er selbst als der himmlische
Bräutigam wartet mit liebender Sehnsucht auf den großen
Tag, an dem Er Seine bluterkaufte Gemeinde durch die
Entrückung zu sich nehmen kann, auf daß sie mit Ihm vereint sei allezeit (1. Thess 4, 17). Wie ist es doch bei einem
irdischen Brautpaar? Wenn die Braut richtig steht zu ihrem Bräutigam, dann wird sie mit der gleichen Sehnsucht
auf den Tag der Hochzeit warten wie der Bräutigam. Wie
aber verhält sich die Gemeinde zu ihrem himmlischen Bräutigam? Mit tiefem Schmerz muß Er sehen, wie wenig Seine
Sehnsucht nach Seiner „Braut" von dieser erwidert wird —
wie wenig Seine Liebe bei uns den Widerhall findet, den
sie verdient. Die Gemeinde ist so sehr beschäftigt mit irdischen Sorgen, Wünschen und Plänen, so verstrickt in die
vergänglichen Dinge dieser Zeit, so ausgefüllt von weltlichen Genüssen und Freuden, so stark beteiligt an dem allgemeinen Rennen und Jagen nach Geld und Gut — kurz-
um: so gebunden, mit ihrem Sinnen und Trachten so in
Anspruch genommen auf der Erde, daß für die Sehnsucht
nach dem kommenden himmlischen Bräutigam nicht viel
Raum bleibt. Weil ihr Schatz sich auf der Erde befindet,
ist auch ihr Herz irdisch gebunden. Paulus nennt aber —
unter Tränen — „Feinde des Kreuzes" eben die, die mit
ihrem Sinnen und Trachten auf das Irdische ausgerichtet
sind, und stellt dieser Gesinnung folgendes gegenüber: *„Unser* Bürgertum dagegen ist in den Himmeln, von wo wir
auch den Herrn Jesus, den Messias, sehnsuchtsvoll als Retter erwarten, der da verwandeln wird unseren Niedrig-
keitsleib, damit er Seinem Herrlichkeitsleib gleichgestaltet
werde gemäß der Kraft, mit der Er auch das ganze Weltall
sich zu unterwerfen vermag" (Phil 3, 18—21).

## Nicht nahe genug bei Jesus

Wie aber konnte es dahin kommen, daß so viele Christen unserer Tage entgegen der ausdrücklichen Warnung Jesu ihre Herzen beschweren lassen durch Genußsucht, Sinnestaumel und Rausch oder durch das Sorgen um das Irdische (Lk 21, 34), anstatt mit Sehnsucht zu warten auf die Ankunft ihres Herrn? Es kann darauf wohl nur *eine* Antwort geben: Sie sind nicht nahe genug bei Jesus! Das ist überhaupt die letzte Ursache für den erschreckenden Tiefstand des geistlichen Lebens in unseren christlichen Kreisen.

Wenn wir nämlich so nahe bei Jesus sind, wie Er es haben möchte, dann entzündet das Feuer Seiner Liebe unsere kalten Herzen und erweckt in uns mit unmittelbarer Macht die Gegenliebe, die sich darin zeigt, daß wir Sein Erscheinen mit Liebe erwarten (2 Tim 4, 8 c).

Denn wer vermag der Gewalt der göttlichen Liebe zu widerstehen, die in Jesus auf uns zukommen? Wer könnte kalt bleiben, wenn der Herr ihm mit der Glut Seiner Liebe nahe kommt? Kann es da etwas anderes geben, als mit Johannes auszurufen: *„Wir,* wir wollen lieben, denn Er hat uns zuerst geliebt!"* (1 Joh 4, 19)? Wen lieben? Ihn, unseren Retter und guten Hirten, dabei aber doch gleichzeitig auch die Brüder! Beides will Johannes in dem Zusammenhang sagen (vgl. Vers 20 und 21!).

## Freude oder Angst?

Wie berührt uns eigentlich die Ankündigung unseres Herrn, der da spricht: „Ja, Ich komme *bald*!" (Offb 22, 20 a)? Was löst diese Ankündigung in uns aus? Jubel oder Schrecken, Freude oder Angst? Oft wird ja schnell und leichtfertig die Antwort nachgesprochen, die vom Geist und der Braut geschrieben steht: „Komme bald, Herr Jesus!" Wie gerne singt man die kostbaren Strophen von Dora Rappard (1843—1923), die mit den Worten beginnen: „Es harrt die Braut so lange schon, / o Herr, auf Dein Erscheinen!" und die jeweils mit dem Ruf schließen: „Ja, komme bald, Herr Jesus!" Aber — so ist zu fragen — *stimmt* es denn überhaupt, was man da so leichthin sagt und singt? Müßten nicht viele, wenn sie ehrlich sein wollen, ganz anders sagen? Müßten sie nicht das Gegenteil erbitten? Müßte es nicht bei manchem heißen: „Ach, Herr, komme bitte noch *nicht!* Denn es wäre schrecklich für mich, wenn Du heute kämst; ich bin ja noch nicht bereit . . ."? — Sicherlich wird es dem Herrn lieber sein, wenn wir Ihm offen und ehrlich bekennen, wie es um uns steht, als daß wir nur oberflächlich und gedankenlos etwas nachsagen, mitsprechen und mitsingen, was unserer inneren Stellung und dem eigentlichen Zustand unseres Herzens gar nicht entspricht.

### Sind wir bereit?

So kann das geradezu ein Prüfstein für unsere wahre Stellung zu Jesus sein, daß wir uns fragen: Was löst die Ankündigung Seines baldigen Kommens in mir aus? Furcht oder Freude? Packt uns aber die Furcht, dann wissen wir, daß es mit uns nicht stimmt. Dann sollten wir uns beeilen, unser Leben mit Gott in Ordnung zu bringen und Ihn zu bitten, daß Er uns zubereite und vollende für Sein Erscheinen. Es kann sich ja keinesfalls darum handeln, daß wir uns aus eigener Kraft fertigzumachen suchen. Hat Er, der Herr, allein das gute Werk in uns begonnen — in der Wiedergeburt und Heiligung —, so ist auch nur Er imstande, es zu vollenden „bis auf den Tag des Messias" (Phil 1, 6. 10). Wenn wir unser Leben ganz in Seine Hände geben, ohne etwas zurückzuhalten, dann können wir es Ihm auch mit Paulus zutrauen, daß Er unsere Herzen „festmachen wird, damit sie vor dem Angesicht unseres Gottes und Vaters untadelig in Heiligkeit seien, wenn unser Herr Jesus mit allen Seinen Heiligen kommt" (1 Thess 3, 13).

Dann richtet sich unsere Sehnsucht ganz auf Sein Erscheinen, und es wird unser Anliegen sein, durch heiligen Wandel die Ankunft Seines Tages zu beschleunigen (2 Petr 3, 11 f.). *Dann* können wir auch von Herzen mit einstimmen in den Ruf: „Amen, ja komm, Herr Jesus!"

# 12. Siehe, Er kommt! — Darum wachet!

„Siehe, Er kommt mit den Wolken" — und zwar zu einer Stunde, da wir es nicht denken. Darum ruft der Herr uns eindringlich zu: „Wachet und seid bereit!" Diesen Ruf haben auch die Apostel in ihren Briefen immer wieder aufgenommen.

So fragen wir uns, was zum rechten Wachsein gehört. Manches ist dazu schon gesagt worden. So sei jetzt zum Schluß nur noch ein Vierfaches erwähnt:

## 1. Wachsein heißt, sich selbst von der Welt unbefleckt erhalten (Jak. 1, 27)

Das gehört nach Jakobus zu einem reinen und flecken-losen Gottesdienst — im Gegensatz zu der nichtigen und vergeblichen Frömmigkeit derer, die sich zwar auch einbilden, Gott zu dienen, die aber ihre Zunge nicht im Zaum halten können und dadurch ihr eigenes Herz betrügen (Vers 26). Paulus schreibt auch den Römern (12, 1), daß der einzig logische Gottesdienst darin besteht, seinen Leib zur Verfügung zu stellen zu einem lebendigen, heiligen und Gott wohlgefälligen Opfer: Handelt also nicht, wie es in diesem Zeitalter, in diesen Weltzuständen üblich ist, nach weltlichen Vorbildern und Grundsätzen; laßt euch vielmehr umgestalten durch die Erneuerung eurer Gesinnung; dann könnt ihr auch recht beurteilen, was Gott jetzt von euch haben will (Röm 12, 2). So gilt es, nicht mehr zu wandeln nach der Weise dieser Welt wie früher (Eph 2, 2) und nicht mehr mit der Welt zu liebäugeln, denn „wenn jemand die Welt liebhat, dann ist die Liebe des Vaters nicht in ihm; denn alles weltliche Wesen, die Begehrlichkeit unseres Ich, die Begehrlichkeit unserer Augen und das Großtun im Leben kommt nicht vom Vater her, sondern stammt aus der Welt. Und die Welt vergeht samt ihrer Lust; wer aber den Willen Gottes tut, der bleibt in Ewigkeit" (1 Joh 2, 15—17). Wer auf der Seite des Herrn steht, darf auch nicht mehr buhlen um die Anerkennung seitens der Welt, um ihre Zustimmung und Freundschaft, denn das nennt Gott im übertragenen Sinn Ehebruch. Deshalb schreibt Jakobus: „Ihr Abtrünnigen, die ihr den Ehebund mit Gott gebrochen habt! Wißt ihr nicht, daß die Freundschaft mit der Welt Feindschaft gegen Gott bedeutet? Wer die Welt zum Freund haben will, macht sich Gott zum Feinde. Oder meint ihr etwa, die Schrift mache leere Worte, wenn sie sagt: ‚Eifersüchtig begehrt der Heilige Geist euer ganzes Herz!'? Um so größer aber ist die Gnade, die Er gibt. Darum heißt es auch: Gott widersetzt sich den Stolzen, aber den Demütigen gibt Er Gnade. Darum ... heiliget eure Herzen, ihr Zwiespältigen (ihr Unentschiedenen, die ihr zwei Seelen habt und immer hin und her schwankt, ständig euer Herz teilt zwischen Gott und der Welt)! Fühlt doch euer Elend, trauert und weint! Euer Gelächter verwandle sich in Trauer und eure Freude in Betrübnis! Demütigt euch nun vor dem Angesicht des HErrn, dann wird Er euch erhöhen!" (Jak 4, 4—6. 8b—10.) Und durch Paulus läßt uns Gott sagen: „Kein Unzüchtiger aber, kein Unreiner, kein Habsüchtiger — das ist ein Götzendiener! — wird ein Erbteil haben in der kommenden Königsherrschaft des Messias und Gottes. Laßt euch in diesem Punkt von niemandem durch leere Reden irreführen! Denn um dieser Sünden willen kommt der Zorn Gottes über die Söhne des Ungehorsams" (Eph 5, 5 f.). Zu diesen Sünden gehört aber auch „Leidenschaft und böse Lust" (Kol 3, 5), Diebstahl und Verleumdung (1 Kor 6, 10), ebenso „Feindschaften, Zank, Eifersucht, Zornesausbrüche, Intrigen, Spaltungen, Neid, Trinkgelage, Schwelgerei und dergleichen. Von diesen Dingen sage ich euch im voraus, wie ich es bereits früher getan habe: alle, die solche Dinge treiben, werden Gottes kommende Königsherrschaft nicht ererben" (Gal 5, 20 f.). Dies alles gehört zum Wesen dieser vergehenden Welt; sich davon unbefleckt zu erhalten, ist das erste Erfordernis fürs Wachsein.

## 2. Wachsein heißt, sich in der Welt als treuer Haushalter bewähren (Lk 12, 42; 1 Petr 4, 10)

Der Abstand, den wir zur Welt halten sollen, kann ja nicht bedeuten, daß wir uns von der Welt überhaupt zurückzuziehen hätten (1 Kor 5, 10). Vielmehr wird von uns erwartet, daß wir an dem Platz in der Welt, auf den wir gestellt sind, gewissenhaft unsere Aufgabe erfüllen, indem wir treu haushalten mit den Gaben, die uns von Gott anvertraut sind: es sei Geld, Gut, unsere Zeit, unsere Gesundheit, unsere Kräfte und Fähigkeiten. Rechenschaft wird ja von uns gefordert werden darüber, wie wir mit unseren Gaben umgegangen sind und wie wir sie verwertet, eingesetzt und betätigt haben. Man denke an die Gleichnisse von den anvertrauten Pfunden und Talenten (Lk 19, 11 bis 27; Mt 25, 14—30), in deren Mitte das Wort steht: „Bringt etwas zustande in der Zeit, während ich ein Wiederkommender bin!" (Lk 19, 13 b) Es wäre also verfehlt, wenn etwa eine Hausfrau, die den Herrn erwartet, meinen würde, sie könne deshalb ihren Haushalt vernachlässigen. So war es ein großer Irrtum, als vor hundert Jahren Schwärmer meinten, sie könnten den „Tag" errechnen, und sich dann an dem errechneten Tag in weißen Gewändern auf die Straße stellen, um den Herrn zu empfangen. Nein, nein: Jesus will die Seinen bei Seiner Ankunft nicht in Festkleidern auf der Straße vorfinden; ganz im Gegenteil: Er will sie im Arbeitskittel an dem Platz treffen, an den Er sie gestellt hat, und zwar bei der Arbeit! Darum sagt Er ausdrücklich: „Glückselig derjenige Knecht, den sein Herr, wenn Er kommt, als einen vorfindet, der gerade das tut, was ihm aufgetragen ist!" (Lk 12, 43.) So wird unsere berufliche Arbeit nicht nebensächlich, sondern sie bekommt durch das Evangelium erst ihren richtigen Stellenwert. Denn der Herr wird uns fragen, ob wir sie treu und gewissenhaft ausgeführt haben.

### 3. Wachsein heißt, um jeden Preis im rechten Verhältnis stehen zu seinen Mitmenschen

Es ist das Kennzeichen des bösen Knechts, daß er in seinem Herzen sagt: „Mein Herr wird sicher noch lange nicht kommen!" Ja, dieser böse Knecht fängt an, aus einer falschen Sicherheit heraus seine Mitknechte zu *schlagen*. So wird der Herr ihn überraschen an einem Tag, an dem dieser Knecht nicht damit rechnet, und wird ihn zerschmettern; und Er wird ihm seinen Platz bei den Heuchlern und Treulosen anweisen (Mt 24, 48—51; Lk 12, 45 f.). Im Lichte dieses Wortes wird es sehr ernst und sehr gefährlich, auf seine Mitknechte durch Mißtrauen, Verleumden, Kritisieren und Verurteilen so einzuschlagen, wie es gerade in den frommen Kreisen Deutschlands immer noch vielfältig geschieht. Da möchte man gern manchem Bruder, manchem Prediger des Evangeliums, der durch üble Nachrede, voreilige Ablehnung und Verketzerung leichtfertig auf seine Mitknechte einschlägt, zurufen: „Fürchtest du dich denn gar nicht vor Gott?" (Lk 23, 40.) Ebenso ernst und gefährlich ist es freilich, wenn angesichts der bevorstehenden Ankunft des Herrn noch Feindschaften festgehalten werden, wie es so oft unter denen geschieht, die sich Christen nennen. Hier gilt das Wort aus der Bergpredigt: „Gehe zuerst hin und *versöhne* dich mit deinem Bruder!" (Mt 5, 24.) Einige dich mit deinem Gegner, solange du noch mit ihm unterwegs bist (Vers 25)! Dulde keine bittere Wurzel (Hebr 12, 15) und keinen Haß noch Zorn in deinem Herzen, denn: „Wer seinem Bruder auch nur zürnt, der soll dem Gericht verfallen sein!" sagt der Herr (Mt 5, 22 a); und Johannes betont: „Jeder, der seinen Bruder auch nur haßt, der ist ein Menschenmörder, und ihr wißt genau, daß kein Menschenmörder ewiges Leben bleibend in sich haben kann" (1 Joh 3, 15). So ist im Hinblick auf die mitternächtliche Stunde, in der wir stehen, die Mahnung dringlich, die Paulus den Römern schreibt: „Darum nehmt euch gegenseitig — in Liebe — an, wie auch Christus euch zu Gottes Verherrlichung angenommen hat!" (Röm 15, 7.) — „Laßt auch die Sonne nicht über eurem Zorn untergehen!" (Eph 4, 26 b), denn es könnte über Nacht die letzte Fanfare ertönen. „So lebt wo möglich, soviel an euch liegt, mit allen Menschen im Frieden!" (Röm 12, 18), denn der Herr ist nahe!

### 4. Wachsein heißt, ein Leben des Gebetes führen

Denn so spricht der Herr: „Seid aber wachsam, indem ihr bei jeder Gelegenheit betet, damit ihr die Oberhand behaltet, um — durch die Entrückung — all dem zu entfliehen, was zukünftig geschehen soll, und gestellt zu werden vor das Angesicht des Menschensohnes!" (Lk 21, 36.)

Der Herr selbst weist uns hier den Weg zum Wach-Sein und Wach-Bleiben, indem Er uns mahnt, ständig im Gebetsumgang mit Ihm zu stehen. Von der Bedeutung des Gebets spricht auch Paulus oft, so im Zusammenhang mit der „vollen Waffenrüstung Gottes", die uns angeboten wird, damit wir sie ergreifen und anlegen: diese kann nur dann in unserem Leben wirksam werden und ihren Zweck erfüllen, wenn wir „bei jeder Gelegenheit im Geiste beten" (Eph 6, 18 a). „Im Geiste" soll hier heißen: beten durch die Unterstützung des Geistes, unter der Leitung des Geistes und in der Vollmacht des Geistes. Übrigens kann „im Geist beten" für Paulus auch die spezielle Bedeutung haben: in neuen Sprachen beten (1 Kor 14, 15); ebenso bedeutet „im Geist singen" dort: in Sprachen singen. So sollten wir auch diese charismatische Dimension und Möglichkeit des Betens im Auge haben, die für unser ganzes Gebetsleben zu einer entscheidenden Hilfe werden kann. Denn wie oft sind wir doch als Beter in Verlegenheit, weil wir nicht wissen, was wir beten sollen, wie es gerade nottut. Welche Befreiung, wenn dann Er selbst, der Heilige Geist, stellvertretend eintritt mit Äußerungen, die die sich durch menschliche Worte nicht wiedergeben lassen (Röm 8, 26)! Nicht umsonst hat der Auferstandene denen, die sich Ihm anvertrauen, die Verheißung gegeben: „In Meinem Namen werden sie ... in neuen Sprachen reden" (Mk 16, 17).

„So laßt uns mit Freimut hinzutreten zum Thron der Gnade, damit wir Barmherzigkeit empfangen und Gnade finden zu rechtzeitiger Hilfe" (Hebr 4, 16) — und beim Ertönen des mitternächtlichen Rufes als „kluge Jungfrauen" erfunden werden!

Auch der Zusatz „bei jeder Gelegenheit" ist sehr zu beachten. Denn es wird für unser Wachsein viel davon abhängen, ob wir nicht nur dann und wann, auch nicht nur zu bestimmten Zeiten den Namen des Herrn anrufen, sondern wirklich bei jeder sich bietenden Gelegenheit: sei es — jeder für sich allein — etwa im Auto oder in der Tram, am Herd oder in der Werkstatt, sei es gemeinsam, wenn wir mit solchen zusammen sind, die wie wir den Herrn Jesus liebhaben. Immer gilt es, die uns gegebenen Gelegenheiten zum Beten zu erkennen und zu ergreifen.

Am Schluß dieser Sendereihe aber stehe der eindringliche Ruf des Herrn selbst: „Darum sollt auch ihr — ja: gerade *ihr!* — b e r e i t sein, denn zu einer Stunde, in der ihr es nicht meint, wird der Menschensohn kommen!" (Mt 24, 44.)

Im Oekumenischen Verlag Dr. R. F. Edel
vom gleichen Verfasser erschienen:


**JESUS allein!**
Zwanzig Ansprachen, gehalten im Rundfunk und anderswo
2. Auflage, Edel-Taschenbuch Nr. 1, 116 Seiten, kartoniert


In der Heftreihe „Gottes Ruf":
Nr. 19/20:

> **Nein!**
> Antwort an die Existentialtheologie,
> Geleitwort von Prof. Walter Künneth
> 3. Auflage, 32 Seiten


Nr. 29/30:

> **Die Gegenwart des Kommenden**
> Fünf Sebalder Predigten


Nr. 32/33:

> **Fragen an das geistliche Amt**
> Ein Tagungsvortrag


Nr. 6:

> **Das Kreuz — was sagt es mir?**


Nr. 9:

> **Frommer Betrieb oder Auferstehungsleben?**


Nr. 15:

> **Warum wir den Heiligen Geist brauchen**


Nr. 22:

> **Eines aber ist not!**

Vom gleichen Verfasser in anderen Verlagen:

## Die Bevollmächtigten des Auferstandenen

**Das Wesen ihres Dienstes im Lichte**
**des Neuen Testaments**
Mit Geleitworten von Prof. H. Strathmann, Bischof W.
Stählin, Prof. K. Heim, Bischof J. Hanselmann
9./10. (überarbeitete und erweiterte) Auflage, 164 Seiten,
kartoniert, Otto Bauer Verlag Stuttgart / Schriftenmissions-Verlag Gladbeck

## Der Name JESUS

**Seine siegende Macht nach dem Zeugnis**
**des Neuen Testaments**
9. (ergänzte) Auflage 1982, 128 Seiten, Oekum. Verlag
Dr. Edel, Marburg / Schriftenmissions-Verlag, Gladbeck

## Wirksames Beten

TELOS-Sondertaschenbuch Nr. 5006
64 Seiten, kartoniert, Hänssler-Verlag Neuhausen-Stuttgart

## Heiligung

Ein vernachlässigtes und mißverstandenes Gebiet der biblischen Botschaft
kartoniert, Hänssler-Verlag Neuhausen-Stuttgart